1

Was ich noch zu erzählen hätte

-

Sammlung von Kurzprosatexten

ISBN: 9783750468733

Herstellung und Verlag:
BoD – Books on Demand, Norderstedt
© (2020) bei Gerd Keil

Inhaltsverzeichnis

Satz meiner Mutter

Meine Mutter sagte mal einen Satz zu mir, als ich etwa 6 Jahre alt war: „Ich könnte dich in einen Sack stecken, diesen zubinden, einen Stein daran befestigen und alles zusammen in die Spree werfen". Als ich diesen Satz, im bitteren Ernst, zu hören bekam, war ich noch keine 6 Jahre alt. Diesen Satz habe ich nie vergessen.

Satz meines Opas

Gerd, mach in deinem Leben so viele Fehler wie du kannst, aber lerne daraus.
Diesen Satz habe ich nie vergessen.

Sexueller Missbrauch

Ich weiß gar nicht so wirklich, wie ich anfangen soll. Schließlich ist das alles schon über 40 Jahre her und ich habe bis gestern, dem 01.02.15 mit niemandem darüber gesprochen. All die schrecklichen Erinnerungen und Bilder hatte ich so „gut vergraben" da ich wusste, dass ich da sowieso nicht mehr ran möchte. Gestern nun tauchte bei Facebook etwas gegen die Verjährung von sexuellem Missbrauch an Kindern auf. Selbstverständlich teilte ich das sofort, ohne auch nur einen Augenblick lang daran zu denken, dass auch ich ein Opfer davon bin.

Eine Weile später las Manuela meinen Post bei Facebook und begann zu rechnen. Sie stellte schnell fest, dass dies in den Zeitrahmen fiel, als ich zwar mit Heike zusammen war, dies aber etwas mit meiner Kindheit zu tun haben musste. Sie kennt mich schon sehr gut, dachte ich und konnte ihr nicht viel erzählen. Ich konnte überhaupt nicht darüber sprechen.

Ich hätte …. nee, auch schreiben fällt schwer. Versuchen werde ich es aber trotzdem. Auch weil ich fühle und weiß, dass meine Manuela zu mir stehen wird. Ich weiß noch nicht wie lange ich für den folgenden Text brauchen werde.

Nun werde ich mal aufschreiben, warum es möglich war, so häufig und über einen langen Zeitraum von fast drei Jahren (erstmals mit 11 Jahren bis zum Alter von 14 Jahren) mir all diesen Ekel, diese Abscheu, diese Ohnmacht anzutun. Ich war inzwischen bei der Pioniereisenbahn zum Stellwerksmeister geworden. Somit war ich verpflichtet mindestens 1x täglich das Berichtsheft dem Täter (Bahnhofsleiter) zu bringen. Die anderen Kinder waren schon weg, oder es war noch keiner weiter da. Ich hatte immer wieder gehofft, er würde mich nicht wieder an die Wand neben dem großen Schrank drängen.

Der Ekel und dieses Gefühl ausgeliefert zu sein, ließ mich beinahe erstarren, wenn ich nur an die vergangenen 3 Jahre zurückdenke.

Wieder einmal war ich im Büro des Bahnhofsleiters angekommen. Dieses Mal war ich froh, da ich wusste, dass nebenan die Mädchen begannen, das Wechselgeld zu zählen und in die Kasse zu legen. Ebenso rollten sie die Fahrscheine auf die dafür vorgesehenen Rollenträger. Kinder und Erwachsene hatten unterschiedliche Tickets.

Als ich jedoch die Tür zum Büro offenlassen wollte, schloss er diese und schloss sie auch noch ab, wie ich später bemerken sollte. Er klebte mir meinen Mund mit Klebeband zu. Sodass ich nichts mehr sagen konnte. Dann schob mich dieses Ekel in eine andere – dunkle – Ecke des Raumes. Danach zog er meine Hose herunter und berührte mich zwischen den Beinen. Ich fand das so abstoßend, dass ich noch heute kotzen könnte. Damit aber nicht genug. Er drehte mich um, sodass ich nun mit dem Rücken zu ihm stand. Umdrehen durfte ich mich jetzt nicht mehr. Aber ich hörte wie er erst immer mit lautem klappern seinen Gürtel öffnete und kurze Zeit später, drückte er meinen Oberkörper nach vorn. Um nicht umzufallen, hielt ich mich am Tisch, der auch dort stand, fest. Danach schob er sich in meinen Po. Das schmerzte so sehr, aber ich konnte ja nicht schreien. Ich brachte kein Wort heraus.

Mir tat alles weh, aber ich konnte denen doch nicht erzählen, was passiert war. Schließlich hatte der Bahnhofsleiter mir angedroht, dass es beim nächsten Mal noch viel „schöner" wird. Mit anderen Worten, ich würde wohl beim nächsten Mal noch mehr Schmerzen und Ekel verspüren.

Auf dem Weg nach Hause wurde es nicht besser. Im Gegenteil, kaum war ich auf dem Bahnhof Wuhlheide angekommen musste ich mich übergeben. Zum Glück trug ich unter meiner Jacke noch die Pioniereisenbahneruniform. Die Aufsicht auf dem S-Bahnhof Wuhlheide ließ mich ein, sodass ich wenigstens meine Sachen notdürftig säubern konnte. Dennoch gelang es mir nicht, meine Hose sauber zu bekommen. Die Schuhe hatte ich mit einem Putzlappen und Wasser gesäubert. Speziell oberhalb der Enden der Hosenbeine war Erbrochenes, das ich nicht abbekam. Als ich nach drei S-Bahn-Stationen und einer halben Stunde Fußweg zu Hause ankam, schimpfte meine Mutter sofort los und sagte, dass ich doch nicht immer so viel Eis essen soll. Dann wird mir auch nicht schlecht.

Sie hatte überhaupt keine Ahnung und wollte auch keine Ahnung haben. Sonst hätte sie vielleicht mal gefragt, wie es mir ging.

Stattdessen bestand sie darauf, dass ich nun in die Badewanne gehen und duschen solle. Sie glaubte nicht welchen „Gefallen" sie mir damit tat. Ich duschte und schrubbte meine Haut überall mit einer Bürste. Gerade zwischen den Beinen tat das weh, aber es war mir egal. Ich wollte, dass der Ekel aufhört. Nach einer Weile kam meine Mutter ins Bad und schimpfte, weil ich nicht immer so lange das

Wasser laufen lassen sollte. Ich ließ mich ausmeckern und trocknete mich ab. Danach ging ich in unser Kinderzimmer ins Bett und verkroch mich unter der Decke. Ich wollte nur keinen mehr sehen oder hören. Wie bloß sollte ich am nächsten Tag .... Mir wurde wieder schlecht. Ich rannte ins Bad und übergab mich erneut. Meine Mutter schüttelte nur den Kopf als ich aus dem Bad kam, um wieder in mein Bett zu gehen.

Warum sollte sich meine Mutter auch für mich interessieren? Ich war eben nicht mein großer Bruder, der als Kronsohn der Familie bemuttert, umsorgt und verhätschelt wurde, nur weil er sich einen Splitter eingerissen hatte.

Am nächsten Tag musste ich also wieder in den Pionierpark, in der Wuhlheide. Der Spaß, den ich in der Anfangszeit dabeihatte, war verflogen. An den Wochenenden war es angenehmer, weil ich dann nicht in das Büro des „Bahnhofsleiters" musste. Nein, dann ersetzten ich gemeinsam mit einem Mädchen aus der Fahrkartenausgabe diesen Bahnhofsleiter.

Aber der nächste Dienstag ließ nicht lange auf sich warten. Als ich am Bahnhof: „Badesee" ankam, lief er mir schon das erste Mal mit einem breiten fiesen und ekligen Grinsen über den Weg. Ich wollte umkehren, aber dann fielen mir die vielen Kinder ein, die sich doch so sehr darauf freuten mit der Pioniereisenbahn zu fahren. Also lief ich weiter. Als ich dann im Umkleideraum war, weil ich meine

Schaffnertasche holen wollte, näherte sich von hinten eine eklige Duftwolke. Ich wollte mich umdrehen und weglaufen. Aber das konnte ich nicht. Mit einer Hand hielt mich dieses Ekel fest, die andere Hand presste er auf meinen Mund.

Er hielt mir von hinten den Mund zu, sodass ich nicht schreien konnte. Dann zog er mit der anderen meine Hose herunter und auch meinen Slip. Ich versuchte mich zu drehen, um doch vielleicht irgendwie wegzukommen. Aber ich schaffte es nicht. Dann drückte dieses Ekel meinen Oberkörper nach vorn und stieß mit einem kräftigen Ruck in meinen Po. Das war ein schrecklicher Schmerz.

Ich konnte den kompletten Tag nicht mehr sitzen vor lauter Schmerzen. Mittag fiel sowieso wegen Appetitlosigkeit aus.

So missbrauchte er mich noch viele weitere Male, ohne dass ich in der Lage gewesen wäre, mich zu schützen. In mir war schon alles still. Ich erlebte diesen Missbrauch sehr oft so, als wenn ich die ganze „Szenerie" von einem außenstehenden Punkt beobachten würde. Dennoch war ich wie gefesselt und so auch vollkommen hilflos. Ich konnte doch mit niemandem darüber sprechen. Schließlich hatte er mit noch viel Schlimmerem gedroht, falls ich mich jemandem anvertrauen, und mit dieser Person darüber sprechen würde.

So ließ ich auch weitere Misshandlungen und Vergewaltigungen über mich ergehen. Jedes Mal musste ich mich danach übergeben. Mir wurde – egal welche Temperaturen draußen herrschten – eiskalt und sobald ich zu Hause angekommen war, zog ich mich aus. Oft achtete ich darauf, dass meine blauen Flecken und die Kratzwunden auf meinen Schultern sowie auf dem Rücken, niemand sah. Ich schrubbte meinen ganzen Körper mit warmem und kaltem Wasser, Seife und einer relativ festen Bürste.

Immer wenn mein Rücken anfing zu brennen, wusste ich, dass ich es bald überstanden haben würde. Denn nun bluteten die Wunden wieder. All der Ekel, all die schrecklichen Momente des Festgehalten Werdens waren – zumindest vorläufig – vorbei. Aber der Tag, an dem sie wiederkommen würden, nahte auch schon wieder. Schließlich war ich zwei oder dreimal je Woche dort.

Omi und Opi sind die allerbesten

Unsere Großeltern waren bei uns zu Besuch und so verging die Zeit wie im Fluge. Ich sehe mich heute noch mit meinem Opa Karten spielen, rumalbern oder ihn als Lokomotive auf der x-ten Runde durch das Kinderzimmer mit meinem Arm als Schranke anhalten. Vor der Weiterfahrt gab es dann immer eine Gute-Nacht-Geschichte oder einfach ein paar liebe Worte, mit denen es sich viel schneller und besser einschlafen ließ. Manchmal sollte ich Brötchen und Honig schlafen, sodass es am nächsten Morgen ein schönes Frühstück gab. Ich träumte dann oft tatsächlich von einem langen Frühstück mit meinen lieben Großeltern. Dass sie für die Brötchen lange anstehen mussten und den Honig aus dem ‚bösen' Westen mitbrachten, habe ich so nie gesehen, denn ich war ja noch klein.

Meine Oma, mein Opa und ich waren zum Baden, in die Wuhlheide gelaufen. Das war nicht mehr als ein kleiner Spaziergang von der Wohnung meiner Großeltern weg. Bei der damaligen „Pionierrepublik Ernst Thälmann" – heute dem Freizeit- und Erholungszentrum, kurz: FEZ – gab es einen schönen Badesee.

Meine Großeltern hatten sich zu ihrer goldenen Hochzeit neue Trauringe machen lassen. Der Juwelier, der diese angefertigt hatte, verstand sein Handwerk wohl nicht so gut, sodass mein Opa seinen Ehering am Ufer des Sees verlor. Gut, dachte ich, dann werde ich diesen mal suchen gehen, und so lief ich ins Wasser. Dass es mir irgendwann bis zur Oberkante Unterlippe ging, störte mich nicht, schließlich ging es darum, diesen Ring wiederzufinden, denn mein Opa war mir sehr wichtig.

Irgendwann bin ich losgeschwommen und so habe ich dann schwimmen gelernt, auch wenn der Ring verschwunden blieb.

Meine Großeltern bedeuteten mir sehr viel. Ich habe von beiden so viel mitbekommen, dass ich heute stolz sein kann und auch stolz darauf bin, solche Großeltern gehabt zu haben. Mein Opa sagte einmal etwas zu mir, das einen großen Teil meines späteren Lebens beeinflussen sollte: „Mach in deinem Leben so viele Fehler, wie du kannst, aber lerne daraus." Diesen Satz habe ich bis heute nicht vergessen und mein Opa ist schon lange, leider viel zu lange, tot.

Dass man nicht weinen darf und auch sonst möglichst keine Gefühle zulässt oder auch noch zeigt, hatte ich in der Zwischenzeit in bitteren Lektionen gelernt. Ich weiß nicht, wie viele Jungs, die in meinem Alter waren, ebenfalls diesen Satz hörten: „Ein Indianer kennt keinen Schmerz." Ehrlich gesagt, möchte ich es auch nicht wissen. Denn so etwas Dämliches hört man nur, um zu lernen, dass man keine Gefühle zeigen darf. Hey, ich bin ein Mensch, mit elf Jahren dazu noch ein kleiner, und ich habe verdammt noch mal Gefühle. Aber gut, wenn es so sozialistisch ist, dann zeige ich sie eben nicht. Ich kann heimlich weinen oder enttäuscht sein oder, oder.

Ich sollte bald erfahren, wie wichtig es ist, seine Gefühle zu zeigen und sich für andere einzusetzen, ohne daran zu denken, dass das eigene Reden und Handeln auch Konsequenzen haben kann.

Donnerstag, der 13. November 1975. Ich war gerade aus der Schule gekommen, als ich erfahren musste, wie schlimm es ist, einen lieben Menschen, meinen allerliebsten Opa, zu verlieren. Für die kommenden Tage ließen unsere Eltern meinen Bruder und mich von der Schule befreien. Als wir dann wieder zur Schule gingen, bekamen wir beide Entschuldigungszettel. Diese hätten wir wahrscheinlich gar nicht gebraucht, denn dafür hatten alle in der Schule Verständnis.

Für uns alle, am meisten aber für meine Oma, starb mein Opa leider viel zu früh. Mein Opa war der tollste Mann, den ich kannte. Ein riesengroßer Kerl mit einem noch viel größeren, leider offenbar kranken Herzen. Ich ging, als ich noch in Berlin lebte, oft an das Grab und sprach mit ihm. Vielleicht hielten mich manche Menschen deshalb für verrückt, aber damit kann ich leben.

Zwei Tage vorher war meine Oma noch mit ihm beim Arzt gewesen. Dieser wandelnde Kunstfehler hatte zu meiner Oma gesagt: „Mit Ihrem Mann ist alles in Ordnung." Wie er zu dieser Weisheit kam, möchte ich lieber nicht wissen.

Wir alle waren wie in Trance und konnten keinen klaren Gedanken finden. Meine Oma blieb die nächsten Wochen und Monate bei uns. Dann rückte der Tag der Beisetzung, der 5. Dezember, immer näher. Ein *Scheisstag*. Wir fuhren zum Friedhof und dort waren schon viele Menschen versammelt. Verwandte, Freunde, Nachbarn und ehemalige Kollegen warteten schon. Dann gingen wir in die Friedhofskapelle und der Pastor hielt eine kurze, aber sehr emotionale Predigt, wie mein Opa sie bestimmt gemocht hätte. Anschließend setzte sich der Zug der Trauernden langsam in Bewegung. Mir war schlecht, ich war traurig, ich war wütend auf diesen Aushilfsarzt, ich war erschrocken, mir war kalt und heiß zugleich und mir fiel mein Opa wieder ein, wie er als Lokomotive den Familienzug anführte.

Ich lief hinter meiner Mutter. Vor ihr liefen nur noch meine Oma und mein Vater gemeinsam mit meinem Bruder. Ich fragte den Pastor, warum mein Opa jetzt schon gestorben sei. Ich hatte doch noch so viele Fragen und ich wollte meinem Opa noch so viel erzählen und mein Opa wollte auch mir noch vieles zeigen und erklären. Das KZ Buchenwald zum Beispiel, indem er lange Zeit inhaftiert war. Die „Berliner Weiße" im Restaurant „Zenner" in Berlin-Treptow; wie man richtig Karten spielt; dass Rasieren nicht weh tut; dass ich ihm wahnsinnig viel bedeute, so, wie er mir auch; wie schön das Drachensteigen und der Winter sind und noch so viel mehr.

Mein eigener Geburtstag am 8. Dezember war mir völlig gleich und ich feierte diesen 12. wie auch meinen 13. Geburtstag nicht. Weihnachten 1975 fiel natürlich aus. Von uns war niemand auch nur annähernd in der Lage, an Weihnachten zu denken. Mein Vater holte zwar einen Weihnachtsbaum, aber wirklich Weihnachten gefeiert haben wir nicht.

Nicht ohne meinen Opa.

Auch an Silvester, was wir vorher immer gefeiert haben, war nicht zu denken. Ich war all die Jahre vorher gerne mit meinem Vater die Raketen, Wunderkerzen, Knallbonbons und natürlich auch das Konfetti kaufen gegangen. Selbstverständlich war auch dies mit einem mehrstündigen Anstehen lange vor Öffnung der Drogerie verbunden. Die Drogerie öffnete um neun Uhr und wir waren spätestens um sechs Uhr dort gewesen. Das hatte mich jedoch nicht gestört. Jedes Jahr waren meine Oma und mein Opa an Weihnachten zu uns gekommen und manchmal sogar bis zum neuen Jahr geblieben. Zwischendurch waren wir nur zu meinen Großeltern nach Hause gefahren, um in deren Wohnung nach dem Rechten zu sehen, den Briefkasten zu leeren und vor allem, um zu heizen. Ein paar Kohlen in den Ofen und die Stube wurde wieder warm. Sonst hatte sich Oma dann zusammen mit mir an den Ofen gesetzt und Opa hatte heißen Kakao serviert.

Aber jetzt? Was jetzt? Wie weiter? Er fehlte überall!

Nicht ohne meinen Opa.

Rauswurf aus dem Elternhaus

Ich war bei meiner Lehrlingskollegin zum 17. Geburtstag eingeladen. In einer feucht-fröhlichen und lustigen Gruppe feierten wir mit etwa zehn Personen Geburtstag. Es war eine schöne Feier und ich konnte oder wollte nicht gehen. Es war einfach so richtig schön gemütlich. Wir tranken Goldbrand, Club Cola, Berliner Pilsner, grüne Wiese (Sekt mit Curacao) und aßen Broiler und Würzfleisch. Irgendwann stellte ich fest, dass es zu spät war, um wieder nach Hause zu fahren, und so fragte ich meine Kollegin, ob ich bei ihr schlafen könne. Dieses Problem hatten auch noch ein paar andere Kollegen und trotzdem willigte sie ein und ließ uns bei sich übernachten.

Am nächsten Morgen halfen wir dann beim Aufräumen und als wir damit fertig waren, machte ich mich auf den Heimweg. Unterwegs holte ich noch frische Brötchen und ging nach Hause. Meine Mutter öffnete mir die Tür und fragte mich, wo ich denn jetzt herkomme. Ich sagte, dass ich doch am Tag zuvor gesagt habe, dass ich zu einem Geburtstag eingeladen sei. Dass es so spät oder besser früh werden würde, habe ich nicht gedacht. Daraufhin sagte sie zu mir, dass ich gleich dahingehen könne, wo ich in der Nacht zuvor gewesen sei, und fing gemeinsam mit meinem Vater an, einen sehr großen Koffer mit meinen Sachen zu packen. Ich konnte nicht glauben, was ich da sah, aber es war Wirklichkeit. Sie packten tatsächlich meine Sachen in diesen Koffer und stellten ihn anschließend vor die Wohnungstür. Ich folgte wortlos, geschockt, enttäuscht und sehr traurig meinem Koffer.

Ich nahm meine Eltern beim Wort und ging dahin, wo ich auch in der letzten Nacht gewesen war. Das Gesicht meiner Kollegin kann sich keiner vorstellen, als ich auf einem Mal mit meinem Koffer vor ihr stand und sie fragte, ob ich erst mal bei ihr wohnen könne. Ich war noch keine achtzehn Jahre alt, und selbst wenn, hätte dies nicht bedeutet, dass ich nun eine eigene Wohnung beziehen konnte. Es gab keine Wohnung. Also zog ich zu ihr und wurde auch gleich in das Hausbuch eingetragen.

Dass sich niemand – jedenfalls aus meiner Familie – für mich interessierte, war für mich in der ersten Zeit erschreckend. Die Volkspolizisten hat es noch nicht mal interessiert, dass ich noch keine achtzehn Jahre war. In diesem Hausbuch standen alle wichtigen persönlichen Daten von allen Menschen, die hier irgendwann mal jemanden besucht hatten oder sich auch nur für eine einzige Nacht hier aufgehalten hatten. Da dieses Buch sehr dick war, passten dort so einige Jahre hinein.

Es war meinen Eltern offensichtlich völlig gleich, ob ich ein Dach über dem Kopf und etwas zu trinken und zu essen hatte oder nicht. Na ja, ich war eben nicht der Kronsohn, dem das Lernen leichtfiel und der nie auch nur irgendetwas infrage stellte. Aber so wollte ich auch nie sein. Lieber stelle ich auch mal unbequeme Fragen oder tappe in irgendwelche Fettnäpfchen, die manchmal schon sehr weit neben dem Weg stehen. Aber so habe ich wenigstens erfahren können, wie es ist, wenn man in so einen Fettnapf hineintritt. Wie hatte mein geliebter Opa mal zu mir gesagt: „Gerd", er sagte Gerd, nicht Gerhard, wie ich eigentlich heiße, „mache in deinem Leben so viele Fehler, wie du kannst, aber lerne daraus." Mit dem Fehlermachen hatte ich keine Probleme, mit dem Daraus lernen schon eher, aber das machte nichts. Manchmal war das Lehrgeld sehr hoch, aber was kümmerte es mich, ich fiel hin und stand wieder auf.

Oftmals trug ich Wunden oder Knochenbrüche davon. Manchmal war ich erschrocken, wozu ich imstande war, ich war erschrocken vor dem, was ich tat oder sagte, aber ich habe nichts davon bereut – es gab auch nichts zu bereuen. Ich tat eigentlich immer nur, was mein lieber Opa mir gesagt hatte. Er sagte mal zu mir: „Gerd, mache in deinem Leben so viele Fehler wie du kannst, aber lerne daraus".

Der Tag, an dem die Stasi mich verhaftete

Ich verabredete mich mit meiner Freundin dann so, dass sie mich nach meiner Schicht vom Bahnhof Ostkreuz abholte. Von meinen sehr schnell umzusetzenden Fluchtplänen hatte ich sie noch nicht informieren können. Aber ich wollte unbedingt noch einmal einen schönen Tag mit ihr gemeinsam verbringen.

Am Morgen des 13. Juli 1986 erzählte ich ihr, was wir vorhatten und eigentlich wollte sie mich gar nicht zur Arbeit gehen lassen. Ich bat sie darum, sich so wie immer zu verhalten und zu niemandem ein Sterbenswörtchen zu sagen. Das hat sie auch nie getan.

Zurück zum 12. Juli. An diesem und auch am darauffolgenden Tag hatte ich Spätdienst. Mein Dienst verlief wie immer. Ich kam zur Arbeit, löste am Bahnhof Ostkreuz meinen Kollegen ab und fuhr dann weiter in Richtung Friedrichstraße. Dann ging es nach Erkner, zurück zur Friedrichstraße, dann nach Königs Wusterhausen und wieder zurück zur Friedrichstrasse. Bei dieser langen Strecke vergehen die acht Stunden Arbeit schnell. Es war angenehm warm und lange hell. Ich mag den Sommer, wenn es ringsherum nach Sonne, blühenden Blumen und Pflanzen riecht und ich die S-Bahn mit halb geöffnetem Fenster durch die Natur, aber auch durch die Stadt fahren kann. Die Menschen sind viel freundlicher und natürlicher. Am meisten freute ich mich aber auf meinen Feierabend.

Warum?

Ich hatte heute Abend noch eine große Überraschung für meine Freundin.

Als Erstes würden wir richtig schick Essen gehen, danach einen Spaziergang durch diese Sommernacht machen und anschließend zu mir nach Hause fahren. Wir hatten eine kleine, aber gemütliche Wohnung im

Quergebäude eines Berliner Altbaus. Von der Straße aus musste man durch das Vorderhaus auf den Hof gehen, bevor man, nach vier Treppen, an unsere Wohnungstür in der zweiten Etage gelangte. Am nächsten Morgen würden wir dann ein endlos langes Frühstück genießen. Schließlich gab es schräg gegenüber von meiner Haustür eine Bäckerei. Der Bäcker konnte so leckere Brötchen backen, da lief einem das Wasser im Mund zusammen, wenn man sich diesem Laden nur näherte, vor allem früh am Morgen, wenn die Brötchen frisch aus dem Ofen in den Laden kamen. Das würde schön werden.

Am 13. Juli hatte ich dieselbe Strecke zu fahren wie bereits einen Tag zuvor. Sie sollte sich heute dennoch nicht wiederholen – nie wieder.

Dieser Tag sollte so ganz anders werden als alle anderen zuvor in meinem Leben. An diesen Tag sollte ich mich mein gesamtes weiteres Leben erinnern.

Dieser Tag war der Anfang vom Ende.

An diesem Tag bewahrheitete sich das Sprichwort: „Man soll den Tag nie vor dem Abend loben".

Ich brauchte sonst etwa zehn Minuten zum Bahnhof, heute waren es gefühlte fünf. Meine Freundin wollte wieder nach Hause zu ihren Eltern. Diese Wohnung lag zwischen dem Bahnhof Warschauer Straße und dem Ostbahnhof. Daher wollte sie mit mir bis zum Ostbahnhof mitfahren. Genau in die Richtung, in die ich auch nach der Ablösung mit der S-Bahn fahren würde. Ich freute mich, denn so hatten wir noch drei Minuten länger etwas voneinander, auch wenn sie nicht mit in den Führerstand durfte. Eigentlich durfte sie noch nicht einmal in das vordere Abteil, denn dieses Abteil im ersten Wagen war das sogenannte Dienstabteil und nur Eisenbahnern beziehungsweise Angehörigen der Transportpolizei vorbehalten. Ich muss aber sagen, dass mich das nicht großartig kümmerte. Schließlich ging es um meine Freundin.

Auf dem Bahnhof angekommen, erfuhr ich, dass ich heute nicht dieselbe Strecke wie gestern fahren würde, sondern eine andere Linie zu übernehmen hatte. Das kam mir sehr merkwürdig vor. War ich womöglich verraten worden? Wenn ja, wer kam dafür infrage? Meine Freundin auf keinen Fall, dafür würde ich meine Hände ins Feuer legen. Ich erfuhr nur noch, dass dies eine Anweisung von dem Kollegen war, der bei uns im S-Bahnwerk als Parteiboss tätig war.

Ich ahnte nichts Gutes und meine Ahnung sollte noch übertroffen werden – bei Weitem.

Auch an diesem Tag war es warm, auch an diesem Tag schien die Sonne, auch an diesem Tag fuhr ich mit geöffnetem Fenster durch die Stadt, auch an diesem Tag waren die Menschen freundlich und natürlich. Aber an diesem Tag sollte ich nicht mehr nach Hause kommen.

Das Herz, das meine Freundin mir an den Spiegel gemalt hatte, sollte ich nicht mehr sehen und erst dreiundzwanzig Jahre später davon erfahren.

Ich ging sehr traurig vom Dienst nach Hause. Vierzehn Jahre lang war ich mit ihr befreundet gewesen, bis im Sommer 1985 Liebe daraus geworden war. Eine Liebe, die ich in meinem Leben nie vergessen habe. Seit der zweiten Klasse hatten wir in der Schule hintereinander gesessen, doch nun war alles anders. Es war schön, sogar sehr schön, aber es war anders. Wir waren im siebten Himmel und die rosarote Brille wollte nur rot werden. Rot wie die Herzen, die wir uns in meiner Küche gegenseitig an den Spiegel malten.

In der Nacht vom 13. auf den 14. Juli 1986 sollte also meine eigene Flucht aus diesem verhassten „Staat" stattfinden. Ich lief auf meine Haustür zu, müde vom Dienst und traurig, weil ich mich nur kurz von meiner Freundin verabschiedet hatte. Ich schloss die Haustür auf und ging hinein.

Dort standen drei Männer. Zwei von ihnen hatten Sonnenbrillen auf der Nase und einer einen Hut, der sehr weit ins Gesicht geschoben war. Ein Gesicht war nicht zu erkennen, zumal im Treppenhaus kein Licht brannte. Ich drückte auf den Lichtschalter, aber alles blieb dunkel. Die beiden mit der Sonnenbrille sagten kein Wort. Der Kleine aber fragte mich:

„Sind Sie Herr Keil?"

„Ja", sagte ich und blieb wie versteinert stehen.

Dann brüllte der Kleine: „Wir kommen vom Ministerium für Staatssicherheit und Sie haben jetzt mitzukommen zur Klärung eines Sachverhaltes."

Ich tat, als ob ich von nichts wüsste, und entgegnete, dass ich jetzt von der Arbeit komme und müde sei. Daraufhin sprang einer der anderen beiden auf mich zu und gab mir einen Stoß, sodass ich erst an der Wand im Hausflur wieder zum Stehen kam. Ich stand noch nicht richtig, da bekam ich einen Tritt in meine Kniekehlen und sackte zusammen. Dann nahmen sie mich mit. Sie stießen mich in einem Pkw – Typ Lada 1300.

Im Fahrzeug legten sie mir Handschellen an, ich bekam noch einen kräftigen Schlag auf den Kopf und dann ging die Fahrt los. Nach etwa zwanzig Minuten Fahrt hielten wir kurz. Kurze Zeit später wurde die Fahrt fortgesetzt und gleich darauf hielt der Wagen wieder. Mir wurden die Handschellen abgenommen und dann wurde ich angebrüllt: „Raus!" Mein Kopf tat immer noch weh, aber das interessierte hier niemanden. Ich stieg aus und man brachte mich in ein Zimmer im Volkspolizeirevier. Es war jedoch nicht die Volkspolizei, die begann mich zu verhören, sondern die Stasi. Von den dreien aus dem Auto war keiner dabei.

Nach mehreren Stunden Verhör wurde ich in eine Zelle im Keller des Polizeireviers gebracht und dort wartete ich wieder mehrere Stunden, bis endlich der Kleine kam und mich anbrüllte, ich solle mitkommen.

Von nun an war mir klar, dass ich verraten worden sein musste, denn die waren tatsächlich über die Vorbereitung meiner Flucht informiert. Ich habe lange und sehr oft darüber nachgedacht, wer mich verraten haben könnte. Mir fiel aber niemand ein.

Jetzt saß ich in einem Barkas-B 1000, einem DDR-typischen Kleintransporter. Außen am Fahrzeug stand: „VEB Bako-Backwarenkombinat Berlin." Innen waren kleine Zellen. Ich wurde in eine Zelle gesetzt, in der ich mich nicht bewegen konnte, weil es viel zu eng war. Außerdem hatte ich nun Handschellen und Fußfesseln.

Dann ging die Fahrt los. Wieder hielten wir kurz nach dem Start an und es öffnete sich wohl ein schweres Eisentor. Danach fuhren wir erneut los, ein paarmal rechts und auch ein paarmal links herum. Zwischendurch ging es auch mal lange geradeaus und so verlor ich irgendwann jede Orientierung. Ich glaubte, nicht mehr in Berlin zu sein, und das war wohl auch die Absicht, die die Stasi mit dieser Fahrt verfolgte. Nach mehreren Stunden Fahrt hielten wir an und alles wiederholte sich: ein schweres Eisentor bewegte sich, nach kurzer Fahrt hielten wir und es öffnete sich erneut ein schweres Tor. Wir fuhren noch ein paar Meter weiter, um dann wieder anzuhalten. Ich hörte, wie die Türen des Autos zugeworfen wurden, und kurz danach öffnete sich die Tür zu meiner Zelle. Die Fußfesseln wurden mir abgenommen und dann hörte ich das Kommando: „Raus!"

Aus der stockdunklen Zelle im Auto herauskommend, betrat ich nun einen Raum, der rundherum durch Mauern begrenzt war. Nur an einer Seite war eine kleine Treppe, die zu einer Tür führte. Ich hatte große Mühe, etwas zu erkennen, denn die grellen Lampen durchfluteten diesen Raum mit einem Licht, welches mich so sehr blendete, dass ich kaum etwas sehen konnte. Ich stieg also aus und machte beim Aussteigen einen großen Schritt nach vorn, die Handschellen hatte ich immer noch um. Sie waren hinter meinem Rücken verschlossen. Als ich mit meinem Fuß den Boden berührte, wäre ich beinahe gestürzt. Der Höhenunterschied war doch sehr groß. Zum Glück war ich mit meinen knapp zwei Metern damals schon sehr groß. So knickte ich ein, konnte aber den Schwung mit meinen Beinen ausgleichen. Allerdings ging ich richtig in die Knie dabei.

Nach etwa zwei Metern kam eine kleine Treppe mit drei Stufen. Hinter dieser Treppe war eine Tür mit Glasscheiben, durch die man jedoch nichts sehen konnte. Einer der Stasischergen schrie mich an, ich solle durch diese Tür gehen und mich dann rechts an die Wand stellen.

Ich dachte, dass dies doch eigentlich nur ein Albtraum sein könne, ich bald wach werden und feststellen würde, dass dies nur ein Albtraum war. Aber das sollte nicht geschehen.

Ich ging durch die Tür und gleich dahinter war noch eine Treppe mit etwa zehn Stufen. Oben, am Ende der Treppe, stand noch so ein Stasischließer, der schon auf der linken Seite des Flures wartete. Der herrschte mich an, meinen Kopf nach unten zu senken. Es dauerte wohl einen Moment zu lange, bis ich feststellte, dass ich ohnehin nur bis zur nächsten Stahltür sehen konnte. Rechts und links im Gang waren viele weitere Türen. Da spürte ich auf meinem Hinterkopf einen Schlag mit der Faust. Mein Kopf war nämlich noch oben. Das passte diesem Schließer wohl nicht. Also senkte ich meinen Kopf und schon kam das erste Kommando: „Gehen Sie."

Ich lief mit gesenktem Kopf durch den Flur. Kurz bevor ich an der Stahltür, die mir noch eben die Sicht versperrt hatte, ankam, folgte das nächste Kommando: „Bleiben Sie stehen. Gesicht zur Wand. Hände auf den Rücken."

Ich stand dort und wartete, bis sich diese Tür öffnete. Gleich darauf bekam ich das Kommando: „Kommen Sie." Ich ging hindurch und gleich rechts hinter dieser Tür wurde ich in einen vergitterten Raum geschoben.

Als ich drin war, wurde das Gitter wieder geschlossen. Dort standen nun andere Stasischergen vor einem großen Wäscheregal. Hier sollte ich nur noch angebrüllt werden. Das Erste, was ich hörte, war das Kommando: „Ausziehen!"

Ich schaute mich um und dachte: Das ist kein Albtraum, nein, das ist die Realität. Ich befinde mich wohl in einem Gefängnis, habe aber keine Ahnung, wo. Ich habe keine Ahnung, wie das hier weitergehen soll. Ich habe keine Ahnung, wie lange ich hier sein werde. Ich habe keine Ahnung, wer mich verraten hat. Ich habe keine Ahnung, wann ich meine liebe Freundin wiedersehen werde.

Ich begann meine Uniform auszuziehen, die ich ja immer noch anhatte: die Jacke, den Binder, das Hemd, die Schuhe, die Hose und die Strümpfe. Ich hatte also nur noch meine Unterwäsche an und glaubte, dass ich nun fertig sei. Das war ein Irrglaube. Ich bekam einen Schlag in die Kniekehlen und sackte zusammen. Der Schmerz, den ich in diesem Moment fühlte, überdeckte mein Gefühl von Pein. Dann schrie mich diese Stasischerge wieder an: „Ausziehen!"

Aufstehen konnte ich nicht, die Schmerzen in meinen Kniekehlen verboten es mir. Zwei von denen zogen mich daraufhin einfach hoch. Ich schrie vor Schmerz, das jedoch interessierte hier niemanden. Also zog ich auch meine Unterwäsche aus. Nun war ich nackt. Mehr oder weniger stehend, bekam ich das nächste Kommando: „Bücken!"

Wirklich bücken konnte ich mich nicht, daher beugte ich mich nur nach vorn. Ich war noch nicht einmal unten, da spürte ich den Finger von diesem Stasischergen in meinem Po. Vorher hatte der sich noch einen Gummihandschuh übergezogen. Was diese erniedrigende Prozedur sollte, war mir nicht klar. Ich hatte aber auch keine Möglichkeit, nach dem Sinn zu fragen, allein die Schmerzen und die Pein, die ich hier erlitt, untersagten mir diese Frage. Mit dem gleichen Handschuh, mit dem ich vorher misshandelt worden war, wollte man mich weiter untersuchen. Diesmal jedoch im Mund. Ich sollte ihn öffnen. Allein die Ahnung und der Ekel vor dem, was jetzt wohl passieren sollte, verboten es mir, den Mund auch nur ein kleines bisschen zu öffnen, und so ließ ich ihn auch zu. Das war ein Fehler, den ich besser nicht gemacht hätte. Lieber hätte ich kotzen sollen, statt den Mund zuzulassen, denn nun bekam ich einen Schlag mit der Faust ins Gesicht und mein Mund öffnete sich. Durch diesen Schlag verlor ich meine Schneidezähne.

Mein Freikauf

So nahm die Zeit ihren Lauf, dann aber nahte der Tag der Tage, wie wir sagten. Schon am Morgen ging es los. Wir sollten all unsere Sachen zusammenpacken. Alles, was dem Knast gehörte, gaben wir ab, zum Beispiel die Bettwäsche, das Besteck mitsamt der Bestecktasche, die Tasse, den Teller oder Dinge für die tägliche Hygiene. Als Gag nahm ich sogar die Seife, die noch übrig war, mit, denn ich wollte wissen, ob man mir diese ebenfalls abnehmen würde. Man tat es, wortlos und ohne auch nur eine einzige Miene zu verziehen. Ich wurde alle Sachen los.

Die Stunden, die wir hier noch verblieben, vergingen so zäh und so langsam, als wären es nicht Stunden, sondern Monate oder sogar Jahre.

Der Obermeister, der uns zum Bus begleitete, war nur noch das Abbild eines Menschen. Den versteinerten Blick und die eiskalte Sprache werde ich wohl nicht mehr vergessen. Das war ein so durchdringender Blick, mit dem man jeden hätte einfrieren können.

Als ich an der Reihe war und gefragt wurde, ob ich die DDR wirklich verlassen wolle, hätte ich beinahe angefangen zu lachen. Was glaubte der denn, warum wir hier waren? Doch wohl nicht, um in diesem System zu bleiben. „Natürlich will ich die DDR verlassen", sagte ich. Der war noch versteinerter als der Obermeister, dachte ich.

Dann lief ich los.

Die fünf, vielleicht sechs Meter ging ich sehr langsam, denn ich wollte diese Minuten spüren, ich wollte sie fühlen, riechen, sehen, ich wollte am liebsten die Zeit in Slow Motion erleben. Da stand er: der Bus. Für viele andere wäre es ein normaler Bus des Typen Mercedes gewesen. Für mich und für die anderen elf war er alles, aber kein ganz normaler

Bus. Schon auf den Stufen, die in den Bus führten, lag ein Teppich, die Sitze hatten Polsterbezüge und sehr hohe Lehnen. Ich setzte mich gleich in die zweite Reihe. Als ich mich anlehnte, merkte ich, wie weich das Polster, aber auch wie hoch die Rückenlehne war, denn ich konnte mich mit meinen knapp zwei Metern ganz anlehnen.

Als ich saß, schloss ich erst mal die Augen.

Ich war angekommen, ich war da, wo ich zum Schluss nur noch hinwollte, ich war am Anfang eines neuen Lebens. Ich fühlte mich tatsächlich wie neu geboren. Ich begann, den Bus ganz genau zu betrachten, denn ich wollte keine einzige Kleinigkeit verpassen. Dieser Moment, da war ich mir sicher, würde in meinem Leben niemals wiederkommen. Also saugte ich die Luft sehr langsam durch meine Nase ein, und bevor ich wieder ausatmete, wartete ich so lange ich konnte.

Ich glaubte, wenn ich schneller atmete, verginge die Zeit schneller. Totaler Nonsens, das weiß ich heute auch, aber in dem Moment wollte ich einfach nur genießen.

Dann fuhr der Bus los. Nicht das laute Aufheulen des Motors, sondern nur der kraftvolle Zug der PS-starken Maschine des Busses beendete die Ruhe oder besser die Stille, die bis dahin das vorherrschende Geräusch im Bus gewesen war. Als wir uns dann auf freier Strecke befanden, fingen wir an, noch mehr zu genießen. Die Sängerkarriere stand wohl niemandem bevor, aber für die Hymne „Einigkeit und Recht und Freiheit für das deutsche Vaterland" reichte es noch. Als wir die ersten Zeilen gesungen hatten, passierte noch etwas, das ich so vorher noch nie erlebt hatte. Es sangen tatsächlich alle mit, sogar der Busfahrer. Das war ein Moment, in dem wir alle Gänsehaut bekamen, und das nicht nur, weil es noch relativ kühl im Bus war.

Nie wieder kontrolliert werden, nie mehr vor einem Vernehmer sitzen, nie wieder sich nach allen Seiten umschauen müssen, bevor man etwas ausspricht, nie mehr ... so viel mehr. Diese Aufzählung könnte noch lange weitergehen, aber vielleicht fällt Ihnen selbst noch etwas ein, was Sie an meine Aufzählung anfügen würden oder möchten.

Es war schon früh am Morgen, als wir ankamen. Ich hatte in Bussen sowieso noch nie schlafen können und in diesem Bus natürlich erst recht nicht. Aber ich war auch überhaupt nicht müde. Ich glaubte, noch Tage so durchmachen zu können, ohne auch nur einen einzigen Augenblick darüber nachzudenken, was mein Körper dazu sagen würde, wenn er denn sprechen könnte. Ich war wie in Trance. Ich hatte Angst, dass dies nur ein Traum sein könnte, und wenn ich wach würde, alles vorbei sein würde. Aber war das nicht verständlich nach dem, was ich durchgemacht hatte?

Damals im Stasiknast hatte ich zu Anfang gehofft, dass es nur ein Albtraum war, und wenn ich wach würde, wäre ich im Westen und in Freiheit. Es war kein Albtraum gewesen und zum Glück war auch dies kein Traum, denn jetzt war ich wirklich in Freiheit und konnte sie einfach genießen.

Wohin ging unsere Busfahrt eigentlich? Richtig, in die Freiheit, aber das war klar. Als wir an unserem Ziel ankamen, standen wir vor dem Auffanglager in Gießen. Dort angekommen, atmeten wir das erste Mal die Luft der Freiheit – die Freiheit, zu leben, wie jeder Mensch das möchte. Ohne Bevormundung, ohne das Gefühl, in einem einzigen großen Gefängnis zu sitzen. Nie wieder Vernehmungen, die sich so tödlich durch die Zeit im Stasigefängnis zogen. Nie wieder „Raus", „Ausziehen", „Bücken", „Schlafhaltung einnehmen" oder „Kommen Sie", „Gehen Sie", „Bleiben Sie stehen", „Gesicht zur Wand", „101 ...".

Nur noch den Duft der Freiheit riechen, ein neues Leben beginnen. In den ersten Jahren nach dem Freikauf feierte ich in jedem Jahr, am 08. April, meinen zweiten Geburtstag.

Gleich am zweiten Tag in der Freiheit sollte es aber doch wieder eine Vernehmung geben. Nein, nicht so wie im Stasigefängnis, hier ging es darum, dass die deutschen Behörden wissen wollten, was mit uns gemacht worden und wie es um unseren Gesundheitszustand bestellt sei. Ich erzählte und erzählte, ohne auch nur einen einzigen Moment daran zu denken, dass ich doch vorher unterschrieben hatte, niemals etwas zu erzählen. Diese erpresste Unterschrift war für mich nicht mehr gültig, als wir angefangen hatten, die Nationalhymne Deutschlands zu singen.

Dann kam die Frage nach meinem künftigen Wohn- und Arbeitsort. Ich sagte schneller, als ich gefragt wurde: „Ich liebe die See, den Nordwind und die Freiheit. Ich möchte nach Hamburg." Ob das Klappen würde, fragte ich mich erst danach. Und leider war es nicht so geplant, denn ich sollte zurück nach Berlin. Nein, nicht in den Osten, ich sollte nach Berlin-Wilmersdorf. Das war mir viel zu nah an der Mauer und ich hatte große Angst, dass die Stasi auch bis dorthin kommen würde, um mich wieder einzusperren. Einen wirklichen Grund brauchten die doch nicht. Ich bat so lange darum, doch nach Hamburg zu gehen, bis man meinem Wunsch schließlich nachgab.

Noch knapp drei Wochen blieb ich in Gießen, dann hatte ich alle Papiere, eine Wohnung und auch einen Arbeitsplatz.

Auf ging es nun dorthin, wo die Luft nach Freiheit riecht, der Wind so schön von vorn ins Gesicht bläst, die große Freiheit, das Tor zur Welt, mit Möwen, die lautstark verkünden, dass ich nun wirklich in Freiheit bin und nie wieder nach Berlin zurückmuss.

Das war ein solch wundervolles Gefühl, dass ich es mit Worten nicht beschreiben kann. Die Sonne kam mehr und mehr heraus, verdrängte endgültig den Frühling und brachte den Beginn einer wunderschönen Zeit.

Ich hatte einen großen Wunsch, den ich mir gleich, nachdem ich so richtig angekommen war, erfüllte. Ich holte mir einen großen, einen richtig großen Eisbecher. Die Kellnerin in dem Café, in dem ich saß, muss entweder geahnt haben, woher ich komme, oder mich für völlig verrückt gehalten haben. Ich sah das Eis an, als wenn ich noch nie in meinem Leben ein Eis gesehen hätte. Sechs Kugeln Eis und Früchte, die ich bis dahin noch nicht einmal vom Namen her kannte. Es war so lecker, dass ich glaube, den Geschmack nie wieder zu vergessen. Ich denke sehr gerne daran zurück.

Endlich Papa werden

Nun waren wir schon drei Jahre verheiratet, aber der Nachwuchs ließ auf sich warten. Daher fragten wir die Gynäkologin, was wir falsch machten. Das Erste, was wir von ihr zu hören bekamen, war: „Schön, dass Sie fragen. Meist liegt das nämlich am Mann und nicht an der Frau."

Sie empfahl uns eine Kinderwunschsprechstunde von einem ihrer Kollegen, zu dem wir gemeinsam gehen sollten. Wir riefen dort an und vereinbarten einen ersten Termin mit dem Arzt. Trotzdem mussten wir gut zwei Monate warten. Na ja, dachten wir, anscheinend gibt es mehrere Paare, die dieses

Problem haben. Der Arzt erfragte ihre und meine Anamnese, machte eine erste Untersuchung bei ihr und gab mir einen Termin für ein Spermiogramm. Er wollte eben erst einmal wissen, bei wem von uns beiden die Ursache für den unerfüllten Kinderwunsch lag. Er fragte außerdem, was wir auf uns nehmen würden, um Eltern zu werden, und wir sagten beinahe zeitgleich: „Alles." Es war uns völlig egal, was wir tun mussten, nur Eltern werden, das wollten wir auf jeden Fall. „Gut", sagte der Arzt, „dann fangen wir mal an." Daraufhin bekamen wir unsere nächsten Termine.

Wir freuten uns zum einen, dass es eine solche Kinderwunschsprechstunde überhaupt gab, und zum anderen, dass der Gynäkologe einen sympathischen und kompetenten Eindruck machte.

Es kamen einige für meine Frau, für mich und dann wieder ein paar gemeinsame Termine. Aber ‚wir' waren noch immer nicht schwanger. In der Zwischenzeit hatten wir jedoch erfahren, dass es auch in unserem Fall am Mann, also an mir, lag, dass sich unser Kinderwunsch noch nicht erfüllt hatte. Daher schlug der Arzt vor, mit einer Therapie zu beginnen. Zugleich klärte er uns darüber auf, dass eine Mehrlingsschwangerschaft nicht auszuschließen sei.

„Eine Fußballmannschaft mit einem Mal wird es aber auch nicht", fügte er lächelnd hinzu.

Die Therapie begann mit monatelangen Protokollen zur Morgentemperatur, zu den Schlaf- und Wachzeiten, zu eventuellem Alkohol- und/oder Tabakgenuss. Wir kamen uns manchmal wie in einem Rechenzentrum vor, aber nicht wie Frau und Mann, die Eltern werden wollten. Das alles dauerte ein gutes Jahr.

Wir kannten beinahe jeden einzelnen meiner Zigarettengenüsse, jedes Glas Wein, Sekt oder Alster, das wir getrunken und hätten eigentlich eine riesige Tabelle mit dem letzten jeweiligen Lebensjahr füllen können. Also, wer glaubt, die Kinderwunschsprechstunde sorgt binnen kurzer Zeit für den erhofften Nachwuchs, der irrt gewaltig.

Als die eigentliche Therapie beginnen sollte, fuhren wir wie so oft zuvor in die Kinderwunschsprechstunde. Wir waren gerade in unser Auto gestiegen und ich steckte mir wie immer noch eine Zigarette an, denn auf der Fahrt dorthin würde ich diese allemal aufgeraucht haben. Zuvor hatte ich noch ein wenig mein Fenster herunter gedreht. Plötzlich aber schrie meine Frau mich an: „Mach sofort die Zigarette aus!" So hatte ich sie bisher noch nie erlebt. Was war denn jetzt los? Ich machte die Zigarette bei der nächsten roten Ampel aus und wunderte mich weiter. Das Schöne daran war, dass ich nicht der Einzige war. Nein, sie wunderte sich genauso wie ich.

In dem Moment, in dem wir ankamen, war der Warteraum leer. Die Schwester, die uns schon gut kannte, fing an zu grinsen. Wir fragten, was denn los sei, aber sie sagte nur: „Nehmen Sie beide mal Platz, der Arzt ist auch gleich da und dann werden wir ja alles erfahren." Das war nun genau so eine Aussage, wie wir sie brauchten. Wir waren genauso schlau wie vorher.

Der Arzt kam und bat uns beide in sein Sprechzimmer. Es war, seit die Praxis umgezogen war, aufgeteilt in zwei nebeneinanderliegende Räume. Im vorderen Raum stand sein Schreibtisch und daneben standen zwei Stühle, anscheinend für Paare wie uns gemacht. Im hinteren Zimmer befanden sich eine Liege, der Untersuchungsstuhl und auch ein Ultraschallgerät. Im vorderen Raum sprach er kurz mit uns und wir erzählten ihm von meiner kurzen Zigarette. Dann ging er mit meiner Frau in den hinteren Untersuchungsraum. Ich blieb vorne neben dem Schreibtisch sitzen.

Nach ein paar Minuten rief er mich in den Untersuchungsraum und sagte immer und immer wieder: „Ja." Ich dachte: Was ist denn nun? Immer wieder das Wort Ja bringt uns nicht weiter. Dann erklärte er, dass wir in absehbarer Zeit von etwa neun Monaten Eltern werden würden. Das war ein so schöner Augenblick, dass wir völlig vergaßen, wo wir uns befanden.

Wir fingen vor Freude an zu tanzen. Dann sagte der Arzt, dass meine Frau sich nun wieder anziehen könne. Anziehen? Ach ja, da war ja noch etwas.

Einige Monate später kam meine Ehefrau ins Krankenhaus, da die Entbindung eingeleitet werden sollte. Unser Sohn ließ sich davon jedoch nicht beirren. Er schrieb schön weiter an seiner „Strichliste" und wartete auf den 02.08.99.

Dann aber, nachdem ich mich am Abend von ihr verabschiedet hatte, fuhr ich noch bei meiner Schwiegermutter vorbei und bekam dort per Telefon die Nachricht, dass ich zurück ins Krankenhaus kommen solle, da die Fruchtblase geplatzt sei. Ich weiß nicht, ob alle Männer, die das erste Mal Papa werden, so schnell bei ihrer Frau im Krankenhaus sind. Ich für meinen Teil war sehr schnell.

Da stand ich nun an der Tür zum Kreißsaal und klingelte. Die Hebamme öffnete mir und als sie wusste, zu wem ich gehörte, bat sie mich in einen Umkleideraum. Dort zog ich mir einen Kittel, eine andere Hose und Gummiüberzieher, die ich über meine Füße ziehen sollte, an. Nach dieser Aktion sah ich beinahe aus wie ein Pfleger. Danach wurde ich darüber belehrt, dass ich für den Fall, dass ich ohnmächtig werde, erst nachrangig behandelt werde. Das unterschrieb ich natürlich – wieso sollte ich denn ohnmächtig werden? – und dann ging es zu meiner Frau.

Es sollte noch zweiundzwanzig Stunden dauern, bis unser Sohn geboren wurde, aber davon ahnten wir noch nichts. Ich wollte nur nicht draußen sein, wenn es losging. Also blieb ich bei ihr und war nur mit großen Mühen von der Hebamme dazu zu bewegen, zwischenzeitlich etwas zu essen oder zu trinken. Normalerweise esse und trinke ich sehr ruhig, aber nicht jetzt. Ich stehe doch nicht hier draußen und esse ein Würstchen, während im Kreißsaal gerade unser Sohn zur Welt kommt. Das kann mir nicht passieren. Dementsprechend war ich sehr schnell mit dem Essen und Trinken fertig, zog mich wieder um und ging zurück in den Kreißsaal.

Wir erlebten die nächste Schicht des Personals, denn offenbar hatte es unser Sohn nicht so eilig. Auch die darauffolgende Schicht sollten wir noch erleben, bis dann endlich unser Sohn geboren war. Zum Ohnmächtig werden hatte ich gar keine Zeit, dazu war ich viel zu nervös. Es war ein so schönes Gefühl, dass ich es hier mit Worten kaum wiedergeben kann.

Nur so viel: Ich würde jedem werdenden Papa empfehlen, live bei der Entbindung dabei zu sein, auch wenn es nicht mehr das erste Kind ist.

Nun waren auch wir Eltern.

Nach einem leichten Klaps auf den Po ließ unser Sohn auch seine Stimme hören. Dann ging es weiter zum Kinderarzt und ich begleitete ihn, bis er fertig war. Erst danach ging ich wieder zurück zu meiner

Frau. Endlich konnte es mit den von uns so ersehnten schlaflosen Nächten und allem, was ein Kind an Veränderungen für ein Paar, das zu Eltern geworden ist, mit sich bringt, losgehen. Ein paar Tage noch mussten beide im Krankenhaus bleiben und dann kam der für uns so wichtige Moment. Es ging nach Hause.

Mit einem Mal waren wir zu Hause sehr leise und in den ersten Nächten schlief Sebastian auch in unserem Schlafzimmer. Natürlich im eigenen Bettchen. Die erste Woche seines Lebens verging für uns sehr schnell, denn er hatte uns relativ schnell im Griff. Am Tage wurde hin und wieder geschlafen und nachts ging's los. Warum die Nacht nicht zum Tag machen? Wo steht, dass man nachts schlafen muss? Nein, man kann die Eltern doch so schön auf Trab halten. Aber all das störte uns überhaupt nicht, denn das war es doch, was wir wollten. Gute zwei Jahre später wurde seine Schwester geboren, und auch diesen Moment werde ich nie mehr vergessen.

Basti brachte ich am Morgen in den Kindergarten und dann fuhr ich ins Krankenhaus. Leider durfte ich dieses Mal nicht bei der Geburt dabei sein. So wollte und wollte die Zeit nicht vergehen, die ich draußen vor der Tür warten musste. Dann aber war er deutlich zu hören: der erste Schrei unserer Tochter. Ich habe keine Ahnung, ob auch andere Frauen dort waren, aber innerlich wusste ich genau, dass dieser Schrei von unserer kleinen Vivien kam. Es dauerte nicht mehr lange und ich wurde hinein geholt. Da war es also: das süßeste Mädchen, das ich je gesehen hatte. Im Gegensatz zu unserem Basti hatte Vivien schon ziemlich viele und lange Haare. Zum Färben brauchte sie wohl nie gehen, da waren wir uns einig. So schöne rote Haare konnte auch der beste Frisör nicht färben.

Vier Jahre später begann unsere Ehe, immer mehr zu kriseln. Ein Ereignis mit der Reinigungskraft in der Kita ließ das Fass überlaufen.

Leider nutzte meine Frau diesen Kontakt aber auch dazu, sich Geld zu leihen. Das allein, da es ein geringer Betrag war, wäre kein Problem, aber sie gab das Geld nicht zurück. Sobald sie die Reinigungskraft sah, drehte sie sich weg oder verschwand ganz schnell. Es kam, wie es kommen musste. Eines Tages nach der Elternvertreterversammlung in der Kita sagte sie mir, dass ich meine Frau fragen solle, ob sie kein schlechtes Gewissen habe. Ich war wie vor den Kopf geschlagen und fragte, was denn passiert sei. Schließlich wusste ich von nichts. Daraufhin nahm sie mich ein Stückchen zur Seite, da auch andere Elternvertreter dabeistanden. Dann erzählte sie mir, dass sich meine Frau einen sehr geringen Geldbetrag von ihr geliehen habe und dass sie diesen bis heute, obgleich nun schon Monate vergangen seien, nicht zurückgegeben habe.

Ich allerdings wusste, dass dies nicht das erste Mal war, dass meine Frau etwas tat und ich von Dritten darüber informiert wurde. Das ging so nicht mehr weiter und das sagte ich ihr auch. Mein Vertrauen, das sich aufgrund meiner bisherigen Erlebnisse so langsam aufgebaut hatte, war mit einem mal wie weggewischt. Immer und immer wieder fragte ich mich, was sie mir noch alles verheimlichte. Wenn sich so ein Gedanke erst mal eingenistet hat, dann wird es schwierig, ihn wieder loszuwerden, denn mit jedem kleinen oder großen Ereignis verfestigt er sich immer mehr. Dabei wusste sie doch sehr genau, dass ich mehr als schlechte Erfahrungen damit gemacht hatte. Leider, aber eigentlich auch zum Glück, denn so bleibt jeder Mensch den anderen gegenüber sensibel für Gefühle. Ich war sensibilisiert genug, nicht nur durch das, was ich bisher erlebt hatte, sondern auch wegen unserer Kinder. Wie würden sie es verkraften, wenn wir uns trennten, wie würden sie damit umgehen? Sollte ich die Ehe der Kinder wegen, aber entgegen meiner Gedanken und Gefühle aufrechterhalten? Wenn ja, wie ginge es dann mit uns weiter? Wie sollen ... und so weiter. Fragen über Fragen, die sich übereinanderstapelten und herunterfielen, weil der Stapel nicht gerade war.

Ich sprach darüber mit meiner Kollegin, die mir im Laufe der Zeit, die wir zusammen beim Wachdienst arbeiteten, auch eine gute Freundin geworden war. Zu Hause erzählte ich meiner Frau von dem Gespräch, da ich sie darüber informieren wollte. Als Antwort wurde mir ein Verhältnis mit meiner Kollegin angedichtet. Dies geschah immer und immer öfter, wenn ich mal etwas von der Arbeit erzählte. Irgendwann hatte ich genug von diesen haltlosen Unterstellungen und so erklärte ich ihr, dass meine Kollegin höchstens mit ihr ein Verhältnis anfangen würde, aber nicht mit mir. Da wusste sie nichts mehr zu entgegnen.

Wir stritten und stritten uns beinahe nur noch. Mir ging es in dieser Zeit oft sehr schlecht. Der immer und immer wiederkehrende Albtraum nahm mir den Schlaf oder ließ mich nachts schweißgebadet hochschrecken. All das hatte meine Frau in den letzten Jahren nicht mehr interessiert und das war nun erst recht so.

So trennte ich mich und reichte auch den Scheidungsantrag ein. Während der Trennungszeit passierte dann das:

Ich wohnte ein paar Häuser weiter in derselben Straße. Zum Anfang der Trennung lief es gut mit uns als Eltern, die gemeinsam alles taten, was im Sinne der Kinder war. Eines Tages jedoch bekam auch das den ersten Einbruch. Unsere Kinder spielten im Sandkasten und ich kam vorbei, weil ich noch etwas für mich einkaufen musste. Die Kinder freuten sich genauso wie ich, dass wir uns hier wiedersahen. Ich sprach mit ihnen und die beiden alberten nur mit mir herum. Da sich die Wohnung meiner Frau in Sicht- und Hörweite befand und wir ziemlich laut waren, hörte sie uns. Es dauerte nicht lange, da kam sie herunter und erklärte mir, dass ich heute keinen Umgang mit den Kindern habe, nahm die Kinder, nachdem sie das Spielzeug eingesammelt hatte, an die Hand und ging. Einfach so. Ich wollte noch etwas sagen, mein Mund öffnete sich auch, aber da kam kein Ton heraus. Nicht einmal ich selbst hätte noch etwas gehört. So drehten sich meine Kinder zwar noch mal nach mir um, aber sie mussten mit ihr gehen.

Da stand ich nun.

Die anderen Muttis, die dort saßen, hätten, glaube ich, beinahe angefangen zu weinen. Ich konnte noch immer nicht weinen, aber traurig war ich auf jeden Fall. Eigentlich hätte ich noch ein Brot gebraucht, aber jetzt einkaufen? Nein, das ging nicht mehr. Ich schaffte es gerade so nach Hause, da fiel ich auf mein Sofa und blieb dort liegen, bis es schon lange dunkel war. Dann stand ich auf und ging ins Bett. Etwas essen brauchte ich nicht, wozu? Wozu sollte ich noch etwas essen, wenn sie mit den Kindern so umging? Ich verstand das alles nicht und war meinen Gefühlen hilflos ausgeliefert.

Ein Weihnachten wie zuvor war das nicht mehr. Ich konnte zufrieden sein, dass ich unsere Kinder am zweiten Weihnachtstag bei mir hatte. Trotzdem feierten wir ein wenig, denn ich wollte nie, dass die Kinder spürten, dass es ihrem Paps nicht gut ging. Aber Kinder sind sehr, sehr feinfühlig und haben sehr gut funktionierende Antennen für so etwas. Es soll

Menschen geben, die glauben, Kinder seien kleine Dummchen, aber ich bin mir sicher, dass das auf keinen Fall so ist.

Nach dem Weihnachtsfest gelangte ich durch weitere Ereignisse, mit denen meine Noch-Ehefrau mich noch mehr klein und kaputt spielte, an den Punkt, an dem ich keinen, aber auch nicht den allergeringsten Wunsch mehr hatte, auch an Silvester noch leben zu müssen. Ich war drauf und dran, diesem Scheißleben ein Ende zu setzen. An meine Kinder dachte ich in diesem Moment nicht, eigentlich dachte ich an gar nichts mehr. Was war dieses Leben denn noch wert, getrennt von meinen Kindern, die mir so sehr am Herzen liegen? Allein, macht-, kraft- und mutlos. Das kann man doch wohl nicht als Leben bezeichnen. So wollte ich nie leben und so will ich auch jetzt nicht leben. Nur daran konnte ich noch denken, wie ich es schaffen könnte, aus diesem Leben herauszukommen.

Im Nachbarhaus gab es eine kleine, sehr gemütliche Eckkneipe. Ich trank sonst nicht viel. Wenn überhaupt, dann zwei oder drei kleine Alster und gut. Das sollte an diesem Abend anders sein. Ich trank nicht mehr, ich schüttete die hochprozentigen Getränke nur so in mich hinein und als die Chefin, die mich so nicht kannte, mir jegliches weitere alkoholische Getränk verbot, zahlte ich und ging hinaus. Gehen konnte ich gar nicht mehr, ich schwankte hinaus. So lief ich los, aber nicht nach

Hause, dahin wollte ich nicht. Ich wollte zum nahen S-Bahnhof und dieser lag in der entgegengesetzten Richtung. Als ich auf dem Bahnhof ankam, war vom nächsten Zug noch nichts zu sehen. Daher suchte ich die Stelle am Bahnsteig, die in meinen Augen am besten dazu geeignet war, um vor den nächsten Zug zu springen und so endlich nicht mehr leben zu müssen. Den besten Platz am Bahnsteig kannte ich schon, denn ich hatte in den letzten Wochen schon öfter daran gedacht, mein Scheißleben zu beenden. Dann konnte ich die Lichter des herankommenden Zuges sehen und wartete noch einen kleinen Moment. Als der Zug nahe genug war, machte ich die Augen zu und einen großen Schritt nach …

Nein, was war das? Irgendjemand riss mich mit großer Kraft zurück auf den Bahnsteig. Ich war so betrunken, dass ich sofort auf den Boden fiel. Trotz meiner Unfähigkeit schlug ich erst auf den Menschen und dann auf die Steine auf dem Bahnsteig ein. Warum konnte ich mir nicht einmal anständig das Leben nehmen? Wer hatte etwas dagegen? Meinen Schutzengel, aus heutiger Sicht, habe ich nie kennenlernen können. Ich weiß bis heute nicht, wer da so an mir gerissen hatte.

Die Feuerwehr und auch die Polizei kamen. Ich kam ins Krankenhaus und musste doch weiterleben.

Traumatherapie und Reflektion

Um das zu erzählen und darüber zu schreiben, muss ich in meiner Biografie ein ganzes Stück zurückgehen, aber wenn Sie das Buch bisher gelesen haben, wird Ihnen manches bekannt vorkommen. So zum Beispiel der sexuelle Missbrauch oder die Stasihaft.

Um hierüber mehr zu erfahren, empfehle ich Ihnen meine Bücher: „Wertvolle Freiheit" und „Eingesperrt und freigekauft".

Im Jahr 1989 wurde ich von der damaligen Bundesrepublik für 103.000,00 DM freigekauft. Die Summe hängt mit meinem Alter und meiner beruflichen Qualifikation zusammen.

Damals hat man mir eine Psychotherapie angeboten, ich jedoch lehnte dankend ab, denn ich wollte frei sein, atmen, laufen wohin ich will, fliegen wohin ich will und ja, sogar selbst das Licht aus- oder einschalten. Was sollte mir eine Psychotherapie bringen. Mit ausgefeilter – heute weiß ich „operativer" – Psychologie hat die Stasi mich in dem Stasiknast, in dem ich zuerst war, kaputt gemacht. Naja, nicht ganz zerbrochen, aber ich war schon lange nicht mehr derjenige, der ich vor meiner Verhaftung war.

So habe ich mich in die Arbeit gestürzt und bin auch mal mit Kollegen ins Millerntor Stadion gefahren, habe die Alster, „Planten un Blomen", den

Tierpark „Hagenbeck", den Kiez und den Michel besucht. Hamburg ist eine schöne Stadt, meine Wahlheimat. Dennoch zog ich, der Liebe wegen, Ende 1993 zurück nach Berlin. Wirklich wohl war mir bei dieser Entscheidung nicht. Aber in den „Luftkurort" Bitterfeld wollte ich auch nicht. Ein Jahr später habe ich geheiratet. Aber die Traumata waren genauso schnell wie ich, mit mir gezogen.

In Berlin holten sie mich 1996 erstmals wieder richtig ein. Ich wusste, dass ich auch mit Dunkelheit ein riesiges Problem habe. Dennoch habe ich mich am U-Bahnhof Hellersdorf in den Zug gesetzt und bin zum U-Bahnhof Tierpark gefahren. Das ist genau genommen eine halbe Station, in der die Bahn unterirdisch fährt. Die Einfahrt in den Bahnhof habe ich nicht mehr mitbekommen, denn ich bin ohnmächtig zusammengebrochen. Als ich wieder zu mir kam, lag ich im Rettungswagen der Berliner Feuerwehr und wir waren auf dem Weg ins Krankenhaus. Dort wurde mein Kreislauf überprüft und auch noch ein paar andere Untersuchungen gemacht. Alle ergaben, dass es keine organische Ursache für meinen Zusammenbruch gab. So stellte man mich einer Psychologin vor und sie entschied, nachdem ich ihr von der Stasihaft berichtete, dass ich schnellstmöglich in eine Traumatherapie sollte.

Ich ging wieder nach Hause und beschloss für mich, dass ich unterirdische Bahnhöfe wohl künftig meiden werde. Nicht in den Keller oder in ein dunkles

Zimmer in unserer Wohnung gehen zu können, kannte ich schon, da kommt es auf ein „paar" Bahnhöfe auch nicht an, glaubte ich. Im Lauf der kommenden Jahre interessierte sich meine Frau immer weniger für mich. Ich wachte drei bis viermal je Woche schweißgebadet nachts auf. Musste mein Bett neu beziehen, den Schlafanzug wechseln und natürlich auch duschen. Aber bitte nicht kalt und nicht als erstes über meinen Kopf, denn auch das geht bei mir gar nicht.

Ja, die Traumata haben mein Leben, seit ich wieder in Berlin war sehr beeinflusst. Es gab immer und immer mehr, dass ich nicht konnte.

Im Jahr 2009 war es dann soweit. Meine damalige Partnerin, aber vor allem auch der Traumatherapeut, der in der Berliner Beratungsstelle tätig war, machte dem ganzen viel Nachdruck, sodass ich in die Traumaklinik gehen wollte. Als meine Krankenkasse, die AOK – Berlin-Brandenburg meinen Antrag bekam, lehnten sie eine Traumabehandlung ab. Schließlich sind schon über zwanzig seither vergangen, da brauche ich keine Therapie mehr. Dies sagte ich dem Therapeuten, der gemeinsam mit mir, sofort in Widerspruch ging.

Die Krankenkasse, ist beim Bearbeiten eigener Interessen sehr schnell, jedoch nicht, wenn es um die Versicherten geht.

So bekam ich ein paar Monate später einen Termin in Steglitz zu einer Untersuchung für den MDK. Wie sollte ich dieser Psychologin meine Beschwerden erklären. Wenn überhaupt kennt sie den Osten doch nur vom Hörensagen oder von eigenen Besuchen dort. Na egal, ich hatte nichts zu verlieren und so ging ich hin. Ich erzählte der Frau ein wenig aus meiner Haftzeit und von den alltäglichen Problemen, die ich seit meinem Rückzug nach Berlin habe. Zu meinem Erstaunen sagte sie mit einem Mal zu mir, dass sie dafür sorgen wird, dass ich meine Therapie bekomme.

Schließlich hat sie fast zwei Jahre in Hoheneck, dem einzigen und berüchtigten Frauengefängnis, verbracht. Sie sagte nichts zu mir, aber ihr Gesichtsausdruck und die schnellen Finger auf der Computertastatur verrieten mir, dass sie einen „nicht netten Text" schrieb, der nun zur AOK gehen wird.

Es dauerte nicht lange und ich begann völlig am Boden zerstört, meine erste stationäre Therapie, die über 14 Wochen ging. 2010 kam dann gleich noch eine Therapie über 12 Wochen hinterher. 2012/2013 habe ich über ein halbes Jahr ambulante Verhaltenstherapie gemacht und seit Anfang November 2015 besuche ich nun die ambulante Traumakonfrontation. In dieser habe ich nun angefangen, ein Trauma, welches ich bis vor einem halben Jahr sehr gut unterdrückt hatte, zu bearbeiten.

Den sexuellen Missbrauch den ich zwischen meinem 11. und meinem 13. Lebensjahr erlitten habe. Erstmals schaffte ich es, mit meiner heutigen Partnerin, Manuela, darüber zu sprechen. Durch einen Post im Facebook, in dem es um einen Missbrauch an einem kleinen Mädchen ging, bin ich so zusammengesackt, dass Manuela dies sofort aufgefallen war. Sehr einfühlsam sprach sie mit mir darüber und ich begann ihr ein wenig zu erzählen. Was mir sehr schwer fiel. Darum sagte sie zu mir, dass ich es alles Mal aufschreiben kann, um damit umgehen zu können. Ich schrieb es auf und als ich meiner Therapeutin davon berichtete, schüttelte es mich so sehr, dass wir gemeinsam den Gedanken entwickelten, mit diesem Teil meines Lebens, in der Traumakonfrontation zu beginnen.

Ich bin heute berentet, weil ich nicht mehr arbeiten kann, bin mit einem GdB von 60 schwerbehindert und versuche, mein Leben in den Griff zu bekommen. Gott sei Dank habe ich heute, mit Manuela eine Partnerin, die es ehrlich mit mir meint und mich wirklich liebt.

Vielleicht schaffe ich es ja jetzt die Traumata zu bearbeiten, dass ich auch in einen dunklen Raum gehen, einen hinter mir stehenden Menschen ertragen, einen sächsischen Dialekt hören, eine Autofahrt durch einen Tunnel, enge Räume, bestimmte Gerüche und Geschmäcker, geschlossene Türen und Stille vertragen kann.

Dennoch würde ich, wie ich auch schon oft gefragt worden bin, heute unter den gleichen Umständen, wissentlich wie es endet, wieder so handeln. Freiheit ist besser als eine Diktatur egal von wem. Demokratie fällt nicht wie Regen vom Himmel und es gibt genug Menschen, die schon alles vergessen haben. Meine Manuela und ich NICHT!

Nie wieder Partnerschaft – sag niemals „Nie"

Ich bekam über Facebook eine Anfrage von einer Frau Keil zu meinem autobiografischen Buch. Als ich das las, musste ich erst mal schmunzeln. Eine Frau, die ich nicht kenne, jedoch mit dem gleichen, wie meinem, Namen fragte nach.

Dann schrieb ich ihr zurück. So schrieben wir noch einige Male hin und her. Dann fragte ich sie, ob wir uns nicht einmal treffen könnten. Erfreulicherweise bejahte sie meine Frage.

Im Herbst, genau am 08.11.14 kam sie, wie vorher verabredet, mit ihrem Therapeuten und einem Historiker zu mir. Die zwei Stunden mit ihr und den beiden Männern waren für mein Gefühl zu schnell vorbei. Beim Abschied fragte ich sie, Gott sei Dank, ob ich sie in den Arm nehmen darf. Auch das bejahte sie. Sie in meinen Armen zu spüren, war ein so wunderbarer Moment, dass ich am liebsten nicht mehr losgelassen hätte.

Etwas traurig blickte ich dem Auto ihres Therapeuten, mit dem die drei gekommen waren hinterher. So viel Wärme, so viel Ehrlichkeit, so viel Gefühl spürte ich schon sehr lange in keiner Umarmung mehr. Als Manuela mich in ihre Arme nahm, waren genau diese Gefühle da.

Knappe zwei Wochen sollten vergehen. Dann fragte sie mich, ob sie allein noch einmal zu mir kommen darf. „Na klar", sagte ich „sehr gerne sogar. Nur leider bin ich derzeit sehr krank mit hohem Fieber".

„Das macht nichts". „Dann komme ich eben zum Krankenbesuch", sagte sie.

Sie kam und nicht nur für ein Wochenende, wie sie angekündigt hatte. Nein, sie brachte einen Tee-Blumenstrauß und einige Riegel „Bounty" mit. Dass ich gerne Tee trinke und Bounty sehr gerne esse, hatte ich ihr mal erzählt. Dem fügte ich nur noch hinzu, dass sie mich nicht suchen soll, falls sie mal irgendwo lesen oder hören sollte, das Bounty überfallen wurde. Ich wäre dann am Tatort und würde die Riegel essen. Da musste sie lächeln.

Bald jedoch ging es mir wieder besser und ich konnte ihr meine Heimat, die ihr sehr gefiel, zeigen.

Das war der Anfang einer neuen, liebevollen, ehrlichen, wahren Liebesbeziehung.

Inzwischen ziert auch ein Liebesschloss von uns zweien die Brücke am Café Müller neben dem Französischen Garten in Celle. Jeder Tag ist wunderschön. Ich bin froh und glücklich in unserer Beziehung und möchte nie mehr ohne Manuela sein.

Mittlerweile, genau seit dem 08.11.15 ist sie getauft und ich durfte ihr Taufpate sein. Genau ein Jahr nach unserem ersten Kennenlernen. Ich danke Gott dafür, dass er diese Fügung geschaffen hat. Denn wir zwei haben uns nicht gesucht und wurden trotzdem gefunden.

Ein steiniger Weg

Ich war zum ersten Mal nach meiner Haftzeit unterwegs in die Hölle auf Erden. Im Laufe meiner Traumatherapie hatte ich begreifen müssen, dass ich mich, mit diesem Teil meines Lebens nur in direkter Konfrontation auseinandersetzen kann. Ich hatte mich vorher erkundigt, ob ich einen Termin brauche. Die Mitarbeiterin in der heutigen Gedenkstätte Berlin – Hohenschönhausen, dem ehemaligen Untersuchungsgefängnis der Staatsicherheit der DDR, sagte, nachdem ich ihr erklärt hatte, worum es mir ging, dass ich nicht der Einzige sei und gerne kommen könne.

Ich ging durch das große Rolltor, passierte das Gitterrolltor und konnte dann plötzlich nicht mehr weiter. Ich musste stehen bleiben, denn die Eindrücke hielten mich fest umklammert. Dann ließ mich ein Knacken aus meiner Starre aufschrecken. Das Rolltor. Es schloss sich und ich rannte durch beide Tore zurück nach draußen. Nach etwa hundert Metern blieb ich stehen.

Da stand ich nun und überlegte, ob ich nach Hause gehen und mein Vorhaben vergessen sollte. Ich nahm mein Handy in die Hand, um mich wieder abzumelden. Zwei Tasten hatte ich gedrückt, dann steckte ich das Handy wieder in die Hosentasche. Nein, dachte ich. Jetzt bist du bis hierher vorgedrungen, aber doch nicht, um nun umzukehren. Nein. Ich ging zurück.

Kurz vor dem Rolltor kam mir einer von den Sicherheitsleuten entgegen und sagte: „Sie wollen bestimmt zum Zeitzeugenbüro?"

„Ja", entgegnete ich.

Er begleitete mich durch beide Rolltore und erklärte mir dabei, dass sich das Gitterrolltor gleich wieder schließen werde. Im gleichen Atemzug erklärte er mir aber auch, dass die beiden kleinen Türen einfach durch die Klinke an der Tür zu öffnen seien. Dies beruhigte mich ein wenig. Wirklich beruhigt war ich aber erst, als ich oben im Büro angekommen war. Hier begann nun ein Gespräch. Ich war erschrocken, als ich zur Uhr sah, denn es waren viereinhalb Stunden vergangen.

Ein paar Wochen später hatte ich mich mit meiner guten Freundin verabredet. Sie wohnte in der Landsberger Allee, nahe einer Straßenbahnhaltestelle.

Warum ich das schreibe?

An der Straßenbahnhaltestelle stand eine Mutter mit ihren drei Töchtern und fragte mich, wie sie zur

Haltestelle Genslerstraße kommen. Ich erklärte ihr, dass sie mit der Linie M6 fahren müssen. Sie bedankte sich und nun kam die Frage, ob ich auch erklären könne, wie man von dort zur Gedenkstätte Berlin - Hohenschönhausen komme. Ich beantwortete ihr die Frage. Aufgrund ihrer Reaktion spürte ich, dass sie bemerkte wie schwer mir diese Antwort fiel. Das verunsicherte mich. Ich wandte mich ab und fuhr eine Bahn später.

Auch diese – eigentlich alltägliche – Begebenheit zeigte mir sehr deutlich, wie steinig dieser Weg werden würde. Trotzdem wollte und würde ich meinen Weg weitergehen. Mal sehen, wo er mich noch hinführen würde.

Freunde sagen: In dir steckt so viel

Habe ich denn so viel in mir? Meine Mutter sagte zu mir, als ich 6 Jahre alt war: „Ich könnte dich in einen Sack stecken, diesen zubinden, einen Stein daran befestigen und alles zusammen in die Spree werfen". Mit fast 17 Jahren wurde ich zu Hause rausgeworfen, weil ich erst am nächsten Morgen – wie vorher angekündigt – nach Hause kam. Wenn ich Freunde oder einfach nur Menschen fragen würde, die mich kennen, dann bekäme ich eine Antwort mit der ich gar nicht so leicht umgehen kann. Wenn mir Freunde sagen: „Gerd, du hast dich im Osten gegen das System gestellt.

61

Du hast Fluchthilfe betrieben.

Du hast 21 Tage in einer runden, schalldichten und stockdunklen Zelle überlebt.

Du hast fast drei Jahre Stasihaft überlebt.

Du hast ein autobiografisches Buch geschrieben.

Du gehst in Schulen, in die KAS, in Erwachsenenbildungseinrichtungen, in Kirchen und hältst Lesungen und Vorträge.

Du kämpfst gegen das Vergessen und Verklären einer Diktatur.

Du hast ein Kinderbuch geschrieben.

Du spielst seit nunmehr 20 Jahren den Weihnachtsmann im Kinderkrankenhaus, in Kindergärten, bei Weihnachtsfeiern und auch in privaten Haushalten.

Du engagierst dich ehrenamtlich im sozialen, kirchlichen und kommunikativen Bereich."

Dann werde ich meist sehr verlegen. Dennoch bleibt mir nichts anderes übrig, als ihnen Recht zu geben.

Ich glaube beinahe, dass Freunde oder Menschen, die mir nahestehen und auch oft sehr kritisch sind, mehr in mir sehen als ich selbst. Da ich nicht an Zufälle glaube, denke ich, dass ich genau diesen Streifen ziehen sollte, als du liebe Angela, in der Schreibwerkstatt Celle herumgingst und ich diese Aufgabe zog.

Ja, na klar habe ich die fast 3jährige Stasihaft überlebt und auch die 21 Tage in der stockdunklen

Gummizelle. Aber ich leide bis heute darunter. Heute bin ich froh, dass es Menschen gibt, die mit mir durch diese schlimme Zeit gehen und dabei meine Seite nie verlassen.

Ich brauche von anderen noch eine ganze Menge.

Vivien und Sebastian, ohne euch beide wäre ich bis heute nicht da, wo ich bin. Ihr zwei habt aus einem gebrochenen Mann einen liebevollen und fürsorglichen Paps gemacht. Bei dir, lieber Sebastian war ich, gemeinsam mit deiner Mama, die 22 Stunden im Kreißsaal und habe diesen nur auf Drängen der Hebamme verlassen, um etwas zu trinken und ein Paar Wiener zu essen. Und bei dir liebe Vivien musste ich vor der OP-Tür bleiben, da du per Kaiserschnitt geholt werden musstest. Seit ich euch beide das erste Mal im Arm hatte, weiß ich was für ein wundervoller Moment die Geburt eines – meines Kindes ist.

Manuela, meine Lebenspartnerin stützt mich und richtet mich wieder auf, wenn es mir schlecht geht. Sie umhüllt mich mit ihrer Liebe, gibt mir Flügel und stellt mich sicher auf den Boden im hier und jetzt. Bekämpft täglich mit mir die Folgen meines Schlaganfalls und traumatischer Kindheitserlebnisse, die vor der Zeit meiner Stasihaft liegen. Allein ihre Gegenwart gibt mir so viel Sicherheit, dass ich mich – gemeinsam mit ihr – sogar schon in einen Aufzug traue.

So werde ich meine eigenen Ressourcen stärken bis ich – zumindest fast – wieder der Mann sein werde, der ich einmal war.

Opi packt einen Koffer

Mein lieber Opi, als du in das KZ – Buchenwald deportiert wurdest, hattest du keine Zeit mehr, um vorher noch etwas in deinen Koffer zu packen. Nein, die Nazis nahmen dich mit und sperrten dich ein. Warum genau hast du mir nie gesagt. Als ich dich damals darum bat, mit mir dorthin zu fahren, sagtest du immer und immer wieder, dass ich noch zu klein bin. Ja, ich weiß. Als ich dich das erste Mal darum bat, war ich gerade neun Jahre alt. Für mich warst du damals schon ein Held, heute, wo ich selbst erwachsen bin, bist du es mehr als je zuvor.

Als ich von einem Historiker aus dem ehemaligen KZ Bergen – Belsen kürzlich erfuhr, dass du zu denen gehörtest, die von Buchenwald ZU FUSS, den als Todesmarsch berüchtigten „Weg" in das KZ Bergen - Belsen gegangen bist, musstest du sehr stark sein. Persönliche Dinge hattest du, wie ich heute weiß, nicht mehr. So ist es mehr als traurig, dass du auch auf diesem Weg vorher keinen Koffer packen konntest.

Viele Jahre vergingen. Du wurdest Opi, der BESTE, den ich mir wünschen konnte. Mit mir in das Gartenlokal „Zenner" in Berlin-Treptow zu gehen, mit mir eine Berliner Weiße mit Schuss zu trinken, tatest du sehr gern. Mit meinen Eltern und deiner Frau, meiner Omi, gemeinsam durch das Kinderzimmer eine Runde nach der anderen, als Lokomotive des Familienzuges zu laufen, an meinem ausgestreckten Arm als Schranke anzuhalten, dich auf mein Bett zu setzen, mir über den Kopf zu streicheln und eine erfundene kleine Geschichte zu erzählen, tatest du gern.

Aber nicht nur im Kinderzimmer warst du die Lokomotive. Sehr oft packtest du voller Vorfreude den Koffer, wenn Omi und ich mit dir ein paar Tage weggefahren sind. Vorher „studiertest" du das Kursbuch der Reichsbahn, um über jeden Umstieg und Anschluss informiert zu sein. Omi hat das manchmal aus der Ruhe gebracht. Du aber saßest auf dem Sofa und hast gelesen.

Manchmal haben wir „Koffer packen" gespielt. Da musste ich mich oft sehr konzentrieren. Danach serviertest du den Kakao und Omi und ich saßen im „Speisewagen", neben dem Ofen in eurem Wohnzimmer.

Ich war noch keine zwölf Jahre alt, als du dich auf deine letzte, für Omi, meine Eltern, meinen Bruder und mich, traurigste Reise machtest. Auch für diese Reise konntest du keinen Koffer packen. Ich habe dich tief in meinem Herzen, auch wenn mir kein Bild aus Papier von dir geblieben ist, weil die Stasi alles, was in unserer Wohnung war, unwiederbringlich genommen hat. Die Bilder, die ich von dir in meinem Kopf habe, könnten einen riesigen Koffer füllen.

Liebe stirbt nie

Als kleine Kinder, im Alter von sechs Jahren, sahen wir uns das erste Mal. Ich durfte mich in unserem Klassenzimmer neben dich, in der Wandreihe, setzen.

Statt der Lehrerin zuzuhören, hörten wir einander zu und bekamen so oft wenig – oder gar nichts – vom Lernstoff mit. Das jedoch störte uns überhaupt nicht. Unsere Lehrerin, mit dem Gemüt eines Schaukelpferdes, setzte uns jedoch auseinander. Künftig wirst du nun also genau vor mir sitzen.

Uns geneckt und Unfug ausgeheckt, haben wir mit sehr viel Spaß, besonders wenn es um die „Klassenstreber" ging. Als ich dir deine Zöpfe „stutzte", weil sie mir immer im Blickfeld waren, bekam ich richtigen Ärger. Meine und deine Eltern stritten lange miteinander. Wir zwei jedoch setzten uns auf das Klettergerüst, hinter dem Haus, in dem ihr wohntet und ich gab dir ein Eis und einen Entschuldigungskuss.

Unsere Kinderfreundschaft, sollte im Sommer `85 Liebe werden, eine schöne Liebe, die ich bis heute nicht vergessen habe. Rote, große Herzen malten wir uns mit deinem Lippenstift an den Spiegel in meiner und später unserer Wohnung.

Am 13.07.86 hat die Stasi mich verhaftet, nachdem meine geplante Flucht verraten worden war. Im Februar `87 hatten sie noch immer nicht, die Informationen, die sie von mir wollten. So haben sie dir, mein Sternenäuglein, binnen einer einzigen Woche, viermal Gewalt angetan. Bis zur friedlichen Revolution, im November `89 durftest du mit niemandem darüber sprechen. Das war für dich schrecklich und auch mich hat die Stasi damit fast zerbrochen.

2010, als wir uns dann – über das Internet – wiederfanden, haben wir einen ganzen Tag und eine halbe Nacht zusammengesessen, miteinander gequatscht und gelacht. Und wir trafen uns das zweite Mal auf dem 30jährigen Klassentreffen. Du bist glückliche Singelline erzähltest du mir, du hast eine Tochter und sogar schon einen Enkelsohn, den kleinen Hans-Gerd. Und du hast mir gesagt, dass ich sicher weiß welchen Ursprung der Name Gerd in seinem Namen hat.

2013 erkranktest du an Leukämie und hast mir anfangs nichts davon erzählt, um mich zu schonen. Aber meine Antennen empfingen Signale deines Herzens, die mich aufmerksamer als je zuvor werden ließen. Ich besuchte dich, so oft ich konnte im Krankenhaus. Du kamst auf die Intensivstation, weil du die Chemo nicht vertragen hattest. Es dauerte lang bis eine andere Zusammensetzung gefunden war. Ein paar Mal bekamst du sie noch und dann ....

Abschied nehmen, ja. Ich hatte deine Hand in meiner. Deine Sternenäuglein lächelten, dein Mund lächelte, dein Daumen streichelte meine Hand und dann ......

Trauer, die Frage nach dem „WARUM", das Andenken an dich. An die vielen schönen Stunden, die ich mit dir verbringen durfte. Heute sehe ich in den Himmel und entdecke in so manch einer weißen Wolke dein Gesicht. Deine Tochter fragte mich, ob sie Papa zu mir sagen darf, was ich selbstverständlich bejahte. Dein Enkelsohn nennt mich seit dem ersten Mal „Opa". Auch das ist gut so.

Schön zu wissen, dass ich dir so noch immer nah sein kann, und immer, wenn ich möchte, male ich ein Herz auf ein Blatt Papier und lege es auf den Tisch am Fenster damit du es sehen und unsere Verbindung spüren kannst, denn ich liebe dich.

Herzen die Gesichter tragen

Herzen die Gesichter tragen,
stellen keine dummen Fragen,
sie sind einfach da im Leben,
helfen Lasten wegzuheben.

(Überlebensspruch im Kopf, in der Gummizelle im Stasigefängnis gedichtet).

Ein zweiblättriges Kleeblatt

Cordula Grau, eine junge Frau, lebt in einer kleinen Stadt, in einem rein flächenmäßig, auch, kleinem Land. Leben, ist eigentlich nicht so ganz richtig, denn vieles in diesem Land bedrückt sie, ja engt sie sogar sehr ein. Einen Partner, mit dem sie zusammenleben wollte, hatte sie schon. Aber im Lauf der Zeit, war aus dem jugendlichen „Kämpfer" ein junger Mann geworden, der mit allem einverstanden war. So trennte sie sich von ihm, denn so wollte und konnte sie nicht leben.

Klaus Bunt, auch ein junger Mann, hingegen lebt in einer großen Stadt. Er genießt das Leben. Geht abends mal in das Kino, tanzen, verreisen wohin er mag. Aber er ist Single und obgleich er nach einer passenden Partnerin schon seit Jahren sucht, hat er die richtige, die eine noch immer nicht gefunden. Nicht, dass seine zu hohen Ansprüche da gewesen wären. Im Gegenteil: Sie musste keine Millionärin, oder etwa Besitzerin einer riesigen Villa sein. Nein, er suchte eine junge Frau, die mit beiden Beinen im Leben steht. Wenn möglich rote Haare haben, Sommersprossen tragen und auf der süßen Stupsnase, von ihr, eine schicke Brille sitzt.

Nach einem schönen Sommer indem viel geschehen war, kam der Herbst. Die vielen bunten Blätter waren beinahe das einzig Schöne in dieser einheitlich öden und farblosen Stadt, in der Cordula wohnte.

Endlich geschah etwas, womit sie nicht gerechnet hatte. All die Jahre zuvor, war jeder Traum von Bunt, Leben, Genießen, Frei sein am nächsten Morgen vorbei. Cordula sah aus ihrem Küchenfenster, welches zur Straße zeigte, und stellte fest, dass es wieder nur ein Traum war. All die Jahre zuvor standen die Menschen seit einer Stunde vor dem Bäckereigeschäft und warteten, dass geöffnet wurde. Wer frische Brötchen wollte und leckeren Kuchen, der musste das so machen, zumindest hier, in dem Land, wo Cordula lebte.

Jetzt aber gingen einige hundert Menschen los, trugen Kerzen in ihren Händen und kamen immer aus der Kirche mitten in der Stadt, in der auch Cordula wohnte. Sie war konfessionslos, aber die Menschen zogen sie in den Bann. So zog sie sich im Eiltempo ihre Schuhe und die Jacke an, lief die zwei Treppen hinunter und reihte sich ein.

Eigentlich ging sie, schon gar nicht im November, indem alles nur noch grauer und trüber erschien durch die Straßen ihrer Stadt. Jetzt aber ging sie einfach mit den Menschen mit. Es dauerte auch gar nicht lange bis auch sie eine Kerze in ihren Händen hielt.

Die vergreisten Machthaber schickten ihre Schwerter– und Knüppelgarde los. Die Kerzen wurden den Menschen aus den Händen geschlagen.

Das war schon schrecklich, aber auch blutende und verletzte Menschen, zu denen auch Cordula mit ihrer Platzwunde am Kopf und dem schmerzenden Kniegelenk gehörte, gab es plötzlich. Einige waren sogar ganz verschwunden. So setzte sich Cordula beim nächsten Mal mit in die Kirche. Nach dem Gottesdienst zogen sie wieder mit Kerzen durch die Stadt.

Dieses Mal jedoch waren es nicht Hunderte, die sich anschlossen, sondern Tausende. Und mit jeder Woche wurden es mehr. Anfang November waren es Millionen, die sich – im ganzen Land – auf die Straße machten.

Mehr und mehr, jede Woche ein Stück ging die Macht, der Altherrenriege verloren. An einem Abend fand eine große Pressekonferenz in Cordulas Heimatland statt. Es gab einen Satz, der so eigentlich, jedenfalls nicht so schnell, gemeint war.

Die Welt und natürlich auch das Volk hatte diesen Satz gehört. So zogen noch in der Nacht, beinahe alle los und wollten schauen, wie es in dem Land, in dem Klaus wohnt, aussieht. Bisher kamen sie dort nicht hin. Jetzt aber mit einem Mal war es möglich. Als nach Stunden des Ausharrens und Bangens endlich alle Hindernisse weg waren, liefen die Menschen los. Alle, egal ob sie sich kannten oder nicht, lagen sich vor Freude in den Armen.

Cordula, lag in den Armen von Klaus. Sie tanzten durch die Nacht, durch die kommenden Wochen,

Monate und Jahre. Ihr Mut und ihr Einsatz, aber auch ein kleines Glück hatte beide zusammengefügt. Ein großes Glück bezeichnet oft ein vierblättriges Kleeblatt. Cordula und Klaus waren zusammen ein zweiblättriges.

Ich starre so lange aus dem Fenster, bis ich mich vergesse

Fieber, Husten und Schnupfen plagten mich schon eine Woche lang. Vor ein paar Wochen lernte ich – endlich – eine Frau persönlich kennen, mit der ich mich über Facebook schon lange schreibe. Wir beide hatten in der Zeit bemerkt, dass wir einige Verbindungen haben. Ja, wir sind seelenverwandt sagt sie und auch ich. Sie kam gemeinsam mit ihrem Therapeuten und einem Historiker, wie vorher verabredet, zu mir. Beim Abschied hatte ich sie gefragt, ob ich sie in meine Arme nehmen darf. Glücklicherweise, denn ich fühle eine sehr große Vertraut- und Geborgenheit in ihrer Nähe, sagte sie „Ja". Da ich ihr geschrieben hatte, dass es mir derzeit gar nicht gut geht, kam sie jetzt wohl auf den Gedanken mir zu schreiben, dass sie gern zu mir kommt, um einen Krankenbesuch zu machen. Sie wohnt jedoch nicht gleich um die Ecke, sondern – leider – einige Hundert Kilometer von mir entfernt. Umso mehr berührte mich ein warmes und sehr geborgenes Gefühl, als ich ihre Mail las. Die Zeit, wollte nun gar nicht mehr vergehen. Ich, nein, wir beide zählten die Tage bis es soweit sein wird.

Sie kam mit ihrem Auto und so rief sie mich zwischendurch an und erzählte mir, wo sie gerade ist, und wie lange, laut Navi, es noch dauern würde, bis sie bei mir ist. Ich kannte das Auto nicht und so stand ich in meinem Wohnzimmer am Fenster und sah nach draußen. Ab und an ging ich auch in die Küche, denn dort geht das Fenster in entgegen gesetzter Richtung der Straße, vor meiner Wohnung. Aber von dort kam kein Auto. So lief ich wieder zurück ins Wohnzimmer und schaute, und schaute aus dem Fenster. Leider dachte ich sind meine Augen, mein Herz und meine Arme nicht magnetisch, sonst wäre sie schneller bei mir.

Ich musste zur Toilette, wollte aber nicht gehen, denn ich wollte doch die Tür öffnen, sobald sie angekommen war. Letztlich bin ich dann aber doch zur Toilette gegangen. Schnell die Hände waschen und wieder raus.

Ins Wohnzimmer zurück an das Fenster. Es kamen ein paar Autos, aber nicht das, auf welches ich so sehnsüchtig wartete. Die Zeit zog sich hin, wie zähe Masse. Ich schob die Gardine zur Seite, aber auch das veränderte nichts. Ich glaube zum Schluss starrte ich aus dem Fenster, vergaß mich selbst und war nur noch damit beschäftigt, ihr Auto kommen zu sehen.

Dann, endlich kam der so lange ersehnte Moment. Ein Auto hielt vor meiner Tür. Als ich sie aussteigen sah, lief ich nach draußen und dann umarmten wir uns lang und liebevoll. Besonders schön war, dass sie nicht, wie ich dachte, ein paar Tage, sondern gleich eine ganze Woche bei mir blieb. So erlebten wir zwei eine wunderschöne Woche, mit vielen positiven Augenblicken, gemeinsam. Sie möchte seither nicht mehr ohne mich, und ich nicht mehr ohne sie sein.

Demnächst wird sie zu mir ziehen und dann beginnt die Zukunft, die schönste Zeit im Leben, das verliebt sein, das Miteinander alles schaffen, Hindernisse überwinden und weiter gehen.

Nichts wird uns jemals trennen, darin sind wir zwei uns sicher.

Es war einmal

Es war einmal, so fangen beinahe alle Märchen an. Ich habe mal versucht, ein moderneres Märchen aufzuschreiben. Also hier geht es nicht um Ritter, Könige, Prinzessinnen, Hofnarren und Diener, sondern um eine Küche mit einem Vorratsschrank, wie auch Sie diesen vielleicht zu Hause haben.

Ein Päckchen Salz, ein Päckchen Tempo-Erbsen, ein Päckchen KuKo-Reis, ein Becher Bautzener Senf, ein Glas Letscho, ein Becher Rahm-Butter und eine Dose Eberswalder Würstchen standen nun schon einige Zeit im Vorratsschrank von Frau Lehmann. Frau Lehmann war berufstätig und ihr Job war sicher bis zur Rente. So waren all die Lebensmittel auch sehr lange allein in der Küche und irgendwann ging der Gesprächsstoff aus. Es machte sich langsam, aber sicher eine langweilige Stimmung breit und so kamen einige von ihnen, beinahe zeitgleich auf die Idee aus dieser Küche zu verschwinden.

Um endlich etwas zu erleben, wollten sie hinaus in die große weite Welt ziehen. Mitten in der Nacht, als Frau Lehmann fest schlief, schlichen sie sich, so leise es ging, aus der Wohnung. Beinahe wäre der Plan schiefgegangen, denn die Dose Würstchen und das Glas Letscho machten ganz schön Krach beim Verlassen der Wohnung. Gott sei Dank schlief Frau Lehmann aber so fest, dass auch dieser Lärm sie nicht aufwachen ließ. Sie hatte aber auch eine anstrengende Arbeit in dem Betrieb, in dem sie angestellt war.

So kamen alle Lebensmittel, die es hier nicht gerade im Überfluss gab, sicher auf der Straße an. Da sie aber bisher nur den Weg vom Geschäft indem sie zuvor gestanden hatten, zu Frau Lehmann kannten, waren sie sich nicht sicher, welchen Weg sie nun gehen sollten. Wo lang ging es zur so ersehnten großen weiten Welt? Nach dem Weg fragen konnten sie niemanden, denn wer würde sich schon mit ihnen abgeben. Und ein Glas Letscho oder auch ein Päckchen Salz verstand hier keiner. Dabei fiel ihnen auf, dass es schon sehr schön war, dass sie sich wenigstens untereinander unterhalten konnten. Jeder von ihnen verstand auch alle anderen.

Angenehm, so ein Gemeinschaftsgefühl. Auch wenn es sich bei ihnen um eine Zweckgemeinschaft handelte. So liefen sie zu der hell beleuchteten Gegend, denn im dunklen Schrank hatten sie lang genug gestanden. Ans Licht, ja das kann nur gut sein. Da waren sich alle sehr schnell einig.

An der hellen Gegend angekommen, liefen sie weiter, bis sie an eine breite dunkle Straße kamen. Hier fuhren die Autos sehr schnell, aber alle hatten Licht und erhellten diese eigentlich dunkle Straße, sehr. So machte ihnen die Dunkelheit nichts aus. Sie liefen sehr, sehr lange. Irgendwann wurden sie müde, und so legten sie sich am Straßenrand auf eine Wiese und schliefen sehr schnell ein. Selbst die lauten Geräusche nahmen sie nicht mehr wahr. Am nächsten Morgen wurden sie wach.

Der Letscho verkündete mit einem Mal, dass er eine große Stadt gesehen hat. Das Salz wollte schon anfangen zu kichern, als es einsah, dass es nicht durch den Karton gucken konnte. Das Letscho jedoch schon, durch das Glas, welches ihn umhüllte. So schlossen sich alle dem Letscho an und kamen am Abend dieses Tages auch in der großen Stadt an.

Hier feierten alle. Raketen stiegen am Abend in den Himmel, Sektkorken knallten, alle Menschen waren fröhlich, wie sie Frau Lehmann zu Hause nie erlebt hatten. Wieder konnten sie keinen fragen, was denn los war, aber sie beschlossen, sich am nächsten Tag in diesem riesigen Geschäft dort vorn mal umzusehen. Vor dem Einschlafen verkündeten die Würstchen: „Silvester ist noch nicht, denn dann wären wir raus aus dieser engen, dunklen Dose". „Natürlich nicht" bestätigte die Butter. „Dann hätten wir wohl schon beim Start einen Dresdner Christstollen getroffen".

Am nächsten Morgen machten sie sich auf, um in diesen riesigen Laden zu gehen. Hier hing kein Schild am Putzmittelregal ´bitte nur einmal entnehmen`. Auch der Hinweis, dass hier nach der Wechselkorbmethode gearbeitet wird, fehlte. Oben stand auch nicht ´Kaufhalle` sondern ´Edeka`.

Sehr schnell hatten alle, bis auf das Salz, neue Freunde gefunden. Der Becher Bautzener Senf hatte ein Glas Kühne Senf, die Tempo-Erbsen im Karton hatten Erbsen in einem schönen Glas, das Letscho die gefüllten Paprikaschoten, der Ku-Ko-Reis ein Glas Onkel-Bens Reis, die Butter in dem Plastikbecher ein Stück Butter in Folie, und die Eberswalder Würstchen trafen auf ein Glas Meica-Würstchen.

Das Salz im Päckchen war schon sehr traurig, da es hier Salz aber auch nur im Päckchen gab. Da kam ein Glas Honig um die Ecke, nahm das Salz unter seinen Deckel und sagte: „Lass uns Freunde sein". „Der Imker, von dem ich stamme, tut sich auch eine Prise von dir auf sein Brötchen, nachdem er es mit mir bestrichen hat".

Ihm schmeckt das und so wurden Honig und Salz Freunde.

Aufruhr in der Küche

Seit einer Woche planen Melanie und Alexander eine neue Küche. In den grundlegenden Dingen waren und sind die zwei sich einig. Dazu gehören auch die Anordnung der einzelnen Küchengeräte, wie die Kühl – Gefrierkombi mit Eiscrusher, der Geschirrspüler, die große Dunstabzugshaube mit Abstellmöglichkeit für Gewürze, die Induktionskochfelder, ein Backofen in Brusthöhe, die selbstschließenden Schubfächer mit den silberfarbenen Griffen, ein Spülbecken in der Ecke, die Fronten in Lindgrün, natürlich einem extrahohen Glasschrank und der Mikrowelle.

Bevor die zwei zusammengezogen waren, hatten sie beschlossen, sich diese Küche komplett, mit allem und auch das Ess- und Kochgeschirr neu zu kaufen. Dass die gemeinsame Wohnung eine große Küche, da beide gern und gut kochen, haben muss, auch darüber waren sie sich einig. Beruflich haben sie mit kochen nichts zu tun, denn Melanie ist Einzelhandelskauffrau und Alexander ist Disponent in einer großen Spedition. Sie wohnen nun in Celle. Das ist eine Kleinstadt in Niedersachsen, die etwa eine halbe Autostunde von Hannover entfernt liegt.

Sie gingen als erstes in das Möbelhaus, unweit von ihrer Arbeitsstelle. Was beide zwar lustig, aber nicht wirklich wichtig fanden, war die Tatsache, dass hier jedes Möbelstück seinen eigenen Namen hatte. Auch fanden sie nicht die Küche, die beiden gedanklich vorschwebte. Mal waren die Fronten anders, mal war der Backofen auf dem Boden, mal hatte die Küche keine Kochinsel und so weiter. Kurzum, hier waren beide nicht in der Lage auch nur annähernd etwas Passendes zu finden.

Alexander hatte von seinem Kollegen ein großes Möbelhaus empfohlen bekommen. Dort wollten sie als nächstes hingehen. So verabredeten sich beide am kommenden Freitag vor Alexanders Arbeitsstelle. Melanie war, wie schon so oft, beinahe zwanzig Minuten zu früh vor der Arbeitsstelle von Alexander, was sie heute überhaupt nicht störte. Die Sonne schien, es war angenehm warm und trocken. So setzte sie sich auf eine Bank, die unter einer großen Buche stand, nahm sich ihr Neues Buch und las darin ein wenig weiter. Beim Lesen vergaß sie völlig die Zeit und war so sehr überrascht, als sich Alexander zu ihr beugte, um ihr einen Begrüßungskuss zu geben.

Sie packte ihr Buch in die Tasche und dann liefen beide Hand in Hand los. Nach etwa 15 Minuten waren sie vor dem großen Möbelhaus angekommen. Hier gab es vieles. Schöne Sofas, hübsche Couchtische, Lampen, Teppiche, Betten, Schränke in Groß und Klein, Kinderbetten, Wiegen, Küchentische und Stühle und endlich waren sie nach langem Suchen in der Abteilung angekommen, in der die Küchen standen. Beide liefen hin und her. Sahen sich eine

Küche nach der anderen an. Manche hätte ihnen auch gefallen, aber wenn schon nicht ihre Traumküche, so sollte doch zumindest eine dabei sein, die beiden auf Anhieb gefiel. So wirklich konnten sie aber keine finden und so machten sie sich auf die Suche nach einer Verkäuferin oder einem Verkäufer. Das sollte sich schnell als sehr schwierig erweisen, denn es war nirgends jemand zu sehen. Keine Verkäuferin und kein Verkäufer zu finden, dass kannten die zwei schon aus sehr vielen Geschäften, denn Service am Kunden, oder so eine Aussage: Der Kunde ist König, schienen keinerlei Gültigkeit mehr zu haben. Nach einer halben Stunde des Suchens fanden sie einen Verkäufer. Als sie ihn um eine Beratung baten, sagte dieser ihnen nur, dass er nicht zur Küchenabteilung gehöre und darum auch nicht helfen kann. Melanie, die selbst Verkäuferin ist konnte es nicht fassen. So sagte sie zu ihrem Alexander: „Lass uns gehen, hier möchte keiner einen Umsatz machen oder Geld verdienen". Alexander wunderte sich auch, zumal ihm dieses Möbelhaus von seinem Kollegen empfohlen wurde, willigte aber dennoch ein und so verließen beide diese Servicewüste namens Möbelhaus.

Eigentlich wollten beide schon nach Hannover fahren, denn dort gab es Geschäfte, in denen man auch Verkaufspersonal fand. Schließlich kamen beide aus Hannover und kannten sich dort gut aus.

Am darauffolgenden Montag jedoch traf Melanie eine ehemalige Kollegin von sich wieder, die vor einigen Monaten in Celle bei einem Möbelhaus angefangen hatte zu arbeiten. Sofort, nachdem sie von den Schwierigkeiten erfuhr, empfahl sie ihrer ehemaligen Kollegin und guten Freundin ihre Arbeitsstelle. „Hättest du doch schon vorher mal etwas gesagt", sagte sie noch zu Melanie. „Ja, das wäre wohl besser gewesen" erwiderte diese. „Sag mal wo arbeitest du denn jetzt". „Ich arbeite bei Möbel Hengst". „Das ist ein großes Möbelhaus, ihr könnt direkt vor der Tür parken und dort findet ihr ganz sicher genau die Küche, die ihr sucht". Melanie bedankte und verabschiedete sich und fuhr nach Hause. Als Alexander am Abend von der Schicht kam, war er geschafft. Liebevoll begrüßte er Melanie und beide setzten sich im Wohnzimmer auf die Couch.

Melanie fing sofort von der Begegnung mit ihrer Freundin an zu erzählen und berichtete auch über Möbel Wallach. „Na wer weiß, ob wir da etwas finden, aber wir werden es am Samstag versuchen".

Beide fuhren am Samstag zu Möbel Hengst und fanden dort nicht nur genau die Küche, die beide haben wollten, sondern auch noch das Koch– und Essgeschirr dazu. Zwei Wochen später herrschte dann für einen Tag das Chaos in der Neuen Küche, denn die Möbel wurden geliefert und aufgebaut. Ein Primaservice. Die Monteure bekamen von beiden Kaffee und ein paar Brote, damit es ihnen nicht an

Elan fehlt, meinte Melanie, die glücklich in den Armen von Alexander im Türrahmen stand.

Seither gehen die beiden nur noch zu Möbel Hengst, wenn sie etwas in dieser Richtung kaufen möchten. Bisher wurden sie immer freundlich und zuvorkommend beraten und da die zwei so etwas mögen, werden sie wohl auch bald mal in die Kochschule, die es dort gibt, gehen, denn Hinzulernen geht immer.

Das Waldhotel

Zwei kleine Igel, Mäxchen und Susi, verließen an einem warmen Herbstmorgen ihr sicheres Versteck. Das hatten Mama und Papa gemeinsam mit viel Mühe erbaut. Sie liefen direkt in den Wald. Da waren viele große Bäume. Einige hatten schon ihr buntes Herbstkleid angezogen. Andere waren noch voll von dem grünen Laub und wieder andere trugen nur noch die kahlen Äste, an denen sich fast kein einziges Blatt mehr befand. „Sind die hoch" sagten die zwei und dachten darüber nach, wie schön es doch wäre, all diese bunten Blätter an den Bäumen einmal von oben sehen zu können.

Susi sagte zu ihrem großen Bruder: „Wenn wir keine Igel, sondern Vögel wären, könnten wir hoch in den Himmel steigen. Höher und immer noch höher würde ich dann fliegen". Als sie das Wort: „Ich" benutzte hörte Mäxchen noch aufmerksamer zu und er wurde ein wenig traurig. Warum sprach Susi auf einmal in der Ich-Form? Das wollte er gleich von ihr wissen und so fragte er sie, warum sie allein immer höher fliegen wollte. „Ach, das habe ich nicht so gemeint" erwiderte sie auf seine Frage. Irgendwie konnte Mäxchen das aber nicht glauben und er beschloss, gleich am nächsten Tag zu der nahegelegenen Lichtung zu laufen. Am besten gleich sehr früh am Morgen, wenn alle noch schliefen. Dann könnte er seinem allerbesten Freund, dem Rehkitz Florian davon erzählen. Mal sehen, was er dazu sagen würde, dass seine kleine Schwester, wenn sie ein Vogel wäre, allein ganz hoch in den Himmel steigen wollte.

So ging er am Abend wie immer unter die großen Ahornblätter, rollte sich zusammen aber, obwohl das seine liebste Stelle in der Igelwohnung war, konnte er nicht einschlafen. Er stellte sich vor, wie er als Igeljunge seiner kleinen Schwester beim Fliegen zusah. Diese Vorstellung ließ ihn nicht einschlafen und er drehte sich hin und her. Dabei raschelte das Laub so laut, dass Mama und Papa wach wurden. Susi jedoch schlief fest und schien auch etwas Schönes zu träumen, denn ihr kleines Igelmündchen fing hin und wieder an zu lächeln. Ob Susi wohl gerade vom Fliegen träumt? Dann schob sich ein Blatt beiseite und Mama kam herein. „Was ist los mit dir, mein liebes Mäxchen"?

Mäxchen erzählte ihr, was seine kleine Schwester und er am Morgen so erlebt hatten und auch von Susis Gedanken. Mama aber erklärte Mäxchen, dass dies nicht ginge. „Schließlich sind wir Igel" sagte sie zu ihm „und Igel können nun einmal nicht fliegen" fuhr sie fort. „Komm", sagte sie dann, „kuschele dich an meinen warmen, weichen Bauch und denke daran, dass es morgen früh ein leckeres Apfelfrühstück gibt".

„Oh"! fiel ihr ein. Das wollte ich doch noch gar nicht verraten, aber nun ist es doch passiert. Papa und ich waren am Nachmittag in der Nähe dieser Zweibeiner. Manche sind nett, aber manche fahren mit ihren lauten vierrädrigen Kisten so schnell, da muss man sich ganz schön beeilen, um über den breiten Weg zu kommen. So waren wir gestern bei einem netten Zweibeiner im Garten und auf dem Boden lagen noch zwei große, rote Äpfel. Da haben wir nicht lange überlegt und jeder einen Apfel mitgenommen.

„Haben wir ein Glück gehabt, dass es gleich zwei waren, denn man bekommt nicht immer das, was man gernhat oder sein möchte."

„Das stimmt", dachte Mäxchen, „Mama hat Recht." Schließlich hatte er sich vor ein paar Tagen auch einen grünen Apfel gewünscht. Bekommen hat er ihn aber nicht. Aber Morgen wird es ja nun das leckere Apfelfrühstück geben. Um sich mit seinem Freund Florian zu treffen, muss er sich morgen früh ganz leise aus der Igelwohnung schleichen. Eingekuschelt und eingerollt schlief er auch bald ein. Das war schön, sich an Mama anzukuscheln. Sie gab ihm Wärme, Geborgenheit, Zuwendung und Liebe. Kurz, für ihn war sie die allerbeste Igel Mama, die es überhaupt gibt.

Als am nächsten Morgen die ersten Sonnenstrahlen durch das Blätterdach der Igelwohnung schienen, kitzelte ihn ein Sonnenstrahl an seinem Bauch und er hätte beinahe laut gelacht. Aber das konnte er nicht, denn er musste doch ganz leise sein, wenn er sich aus der Wohnung schleichen wollte. Gleich nachdem er seine Augen geöffnet hatte, schaute er sich nach allen Seiten um. Er konnte niemanden sehen. Er rieb seine kleinen Augen und streckte sich, aber ganz vorsichtig, damit das große Blatt, welches ihn fast vollständig bedeckte, nicht herunterfiel und ein Rascheln verursacht hätte. Als er unter dem Blatt hervorgekrochen war, horchte er ganz angestrengt. Das einzige Geräusch, das er vernehmen konnte, war das leise Schnarchen von seinem Papa. Alle schliefen wohl noch tief und fest. So lief er also aus der Igelwohnung hinaus in den Wald. Sein Weg leitet ihn über kleine Hügel, eine Brücke, die über den großen breiten Bach führte, hinunter bis zur Lichtung. Hier kam Florian mit seinen Eltern immer hin, um zu essen und aus dem Bach zu trinken. Aber weit und breit war nichts zu hören, geschweige denn zu sehen.

„Man sieht seine eigenen Stacheln nicht mehr" hatte sein Papa mal gesagt, als es im Herbst so nebelig war.

Er wartete lange. Auf einmal fing sein Bauch an zu knurren. Der Hunger wurde immer größer, aber sein Freund Florian und auch Florians Eltern kamen nicht. So ging er, voller Sorge um seinen Freund, zurück nach Hause. Der leere Bauch ließ ihn noch schneller laufen als sonst.

Als er zu Hause ankam, war nur seine Schwester Susi da. Sie freute sich so sehr, ihren Bruder wieder zu sehen, dass sie sich gleich an ihn kuschelte. Mäxchen fragte sie: „ Wo sind denn Mama und Papa"? Susi erklärte ihm, dass sie voller Sorge in den Wald gelaufen waren, weil sie doch nicht wussten, wo er war oder ob ihm womöglich etwas Schlimmes passiert war.

Mäxchen merkte, dass er etwas getan hatte, was nicht richtig war. Selbst das Knurren seines Bauches bemerkte er fast nicht mehr. So berichtete er seiner kleinen Schwester, warum er weggelaufen war. Susi aber entgegnete, dass das mit dem ALLEIN-Fliegen doch wirklich nicht so gemeint war. Nun sorgten sich beide um ihre Eltern.

Nach einer ganzen Weile kehrten Mama und Papa traurig wieder heim, da sie ihren Sohn nirgends finden konnten. Aber sie hatten auch etwas Schönes erlebt. Mitten im Wald gab es eine Stelle, an der sie zuvor noch nie vorbeigekommen waren. Dort kam jeden Tag, so erzählten ihnen die anderen Waldtiere, einer dieser Zweibeiner vorbei und schüttete Futter und Wasser für alle Tiere in die verschiedensten Gefäße. Hier konnte man leben wie in einem Hotel. Das hatte auch Florian mit seinen Eltern bemerkt und daher waren sie nun immer hierher zum Essen und Trinken gegangen.

Als sie Susi gerade davon erzählen wollten, kam Mäxchen aus der Futterecke. Der Hunger hatte ihn nun doch an den Apfel getrieben. Mama und Papa waren so froh darüber, dass ihrem Sohn nichts passiert war. Sie schimpften zwar mit ihm, weil er einfach weggelaufen war, aber dann kuschelten sie sich neben ihn und auch Susi kam hinzu. Nun erzählte Mäxchen seinen Eltern, warum er weggelaufen war. Und natürlich auch, dass er sehr traurig war, da seinem Freund Florian wohl etwas Schlimmes passiert sein musste.

„Mäxchen", sagte sein Papa zu ihm „kannst du dir vorstellen, wie sehr wir uns um dich gesorgt haben, als dein Platz unter dem großen Ahornblatt leer war"? „Ja", gab Mäxchen kleinlaut zu. „So etwas mache ich nie wieder"! „Na gut" sagte sein Papa. „Wir haben im Wald nicht nur deinen Freund Florian gefunden, sondern auch einen Platz, an dem jeden Tag ein Zweibeiner kommt, um all die Tiere des Waldes mit Futter und Wasser zu versorgen.

Schlafplätze gibt es dort auch und eine wundervolle Igelwohnung ist dort auch noch frei.

Eure Mama und ich haben sich die Wohnung schon angesehen. Sie ist wie geschaffen für uns. „Noch dazu müssen wir nicht mehr über den breiten Weg laufen, auf dem die vierrädrigen Kisten immer so schnell fahren". Als er den Kindern davon berichtete waren Susi und Mäxchen voller Freude und so zog die Igelfamilie um in das Waldhotel.

Wenn ihr das nächste Mal durch den Wald geht, achtet doch bitte mal auf dieses Waldhotel. Vielleicht seht ihr Mäxchen, Susi und ihre Eltern dort auch.

Der kaputte Mond

Es ist Oktober. Viele bunte Blätter liegen auf dem Fußweg und auch auf der Straße, aber besonders viele sind es im Park. Julian, der im Kindersitz auf dem Fahrrad seiner Mama sitzt, findet, dass es heute sogar noch viel mehr bunte Blätter sind als sonst. Am liebsten würde er jetzt mit seinen Schuhen durch die Blätterhaufen laufen, denn das raschelt immer so schön. Heute geht das aber nicht, denn Mama hat verschlafen und so müssen sich die zwei beeilen, damit Mama, nachdem sie Julian in den Kindergarten gebracht hat, noch den Zug erreicht, der sie zur Arbeit bringt.

„Am Freitag, wenn ich dich abgeholt habe", verspricht sie ihm, „gehen wir durch den Park. Und du kannst durch alle Blätter rascheln". Sie fahren vorbei an den dicken Eichen und den hohen

Kastanienbäumen, über die Brücke, die über das kleine Flüsschen führt, weiter vorbei am Springbrunnen und dann durch das große Tor. So kommen sie direkt an der großen Straße an, die sie nur noch überqueren müssen, um nach ein paar weiteren Metern zu Hause anzukommen.

Oft müssen sie hier lange warten, weil so viele Autos und Busse diese Straße benutzen. Wenn der Himmel klar ist, und keine Wolke Julians Sicht behindert, schaut er gern nach oben. Bis zehn kann er schon zählen, auch wenn es bis zum ersten Schultag noch lang dauert. Und so beginnt er die Sterne zu zählen. Das sind jedoch ganz viele Mal zehn Sterne! Und weil er das sehr gern macht, bemerkt er eines Abends, dass die Sterne fast immer an der gleichen Stelle stehen. Aber auch eine größere Scheibe ist zu sehen, die den „Berlinern", die Julian so gern isst, sehr ähnlichsieht.

Eigentlich soll Julian auf die vielen Autos aufpassen, und Mama Bescheid sagen, wenn sie die Straße überqueren können. Julian ist jedoch meist so sehr von den Sternen fasziniert, dass er Mamas Frage erst beim zweiten Mal mitbekommt. „Träumst du, oder schaust du wieder in die Sterne, statt auf die Straße" fragte seine Mama ihn dann.

„Ich schaue nach den Sternen und zum Mond", denn nun weiß er wie die größere Scheibe heißt, entgegnet er. Schnell schaut er nun nach links und rechts und einen Moment später sagt er, „Mami, wir können rübergehen". Seine Mama schaut – nur zur Sicherheit – auch nach links und rechts und dann gehen sie los. Ein paar Tage später stehen große orangefarbene Lastwagen an der Stelle, wo sie immer über die Straße gehen. Julian fragt seine Mama: „ Was sind das für Lastwagen"? und Mama erklärt ihm, dass hier ein Überweg für Fußgänger angelegt wird. „Ist das auch so einer, wie bei Oma und Opa?" möchte er wissen und seine Mama sagt: „Ja, Julian. Der hier ist für die vielen Kinder, die so sicherer in den Kindergarten und zur Schule kommen". Lang genug hat es gedauert, bis die Gemeinde hier einen Überweg anlegen lässt, denkt sie so bei sich.

Es vergeht eine ganze Zeit, bis der Himmel wieder voller Sterne ist. Mal waren es Wolken, mal Nebel und ab und an auch Mamas Regenschirm, der Julian nicht in den Himmel schauen ließ. Heute Nachmittag wird er von Oma und Opa aus dem Kindergarten abgeholt, und wie das so bei Oma und Opa ist, laufen sie langsamer durch den Park und Julian natürlich durch alle Blätter, am liebsten durch die etwas größeren Blätterhaufen, denn die rascheln besonders schön. Opi macht manchmal mit und Omi freut sich, dass die zwei so viel Spaß dabeihaben.

Als sie dann an dem großen Tor ankommen, schaut Julian, wie so oft zuvor wieder nach oben in den Himmel. Er sieht die Sterne und auch den Mond. Ganz erschrocken ruft er: „Omi, Opi, schaut mal nach oben. Der Mond ist kaputt". Oma und Opa sehen nach oben und erklären ihm, dass der Mond immer wieder kleiner und größer wird. „Jedenfalls sieht es so aus", sagt Opa dann noch. „Denn wir sehen ja immer nur den Teil, der hell leuchtet" fährt er fort.

Als die drei zu Hause bei Mama angekommen sind, erzählt Julian, dass Opi und er durch die Blätterhaufen geraschelt sind. Und dann berichtet er auch von dem Mond, von dem er glaubte, er sei kaputt.

Nach dem Abendessen ist er so müde, dass er fast auf dem Stuhl eingeschlafen wäre. Er geht ins Badezimmer, putzt sich die Zähne, duscht und zieht den neuen Schlafanzug mit den Sternen drauf an.

Oma, Opa und Mama bringen ihn, nachdem er „Gute Nacht" gesagt hat, ins Bett. Opa deckt ihn zu und setzt sich zu ihm aufs Bett und streichelt über seinen Kopf. Das mag Julian sehr gern. Mama will ihm gerade erklären, wie das mit dem Mond ist und warum er immer mal so groß wie ein Kreis ist und dann wieder so schmal wie eine Sichel, da bemerkt sie, dass Julian eingeschlafen ist.

Wenn ihr, liebe Kinder auch den Mond sehen könnt, achtet mal darauf, wie er groß und schmal wird. Warum das so ist, erzählen euch eure Eltern, Oma und Opa sicher ganz gern.

Aus dem Leben eines Schuhes

Den ganzen letzten Winter habe ich meinen Freund, den Stiefel gar nicht gesehen. Von Tag zu Tag, von Woche zu Woche, ja sogar von Monat zu Monat wurde ich immer trauriger. Mein Freund stand in seinem Fach des Schuhschrankes. Zum Glück war er dort nicht allein, denn die Sandalen und auch die Gartenschuhe meines Besitzers standen auch in ihren Fächern. Die Schuhe seiner Partnerin lästerten sogar manchmal über mich. Und das nur weil ich nicht mehr so jung und schick bin wie sie.

Hin und wieder hörte ich, wie sie scherzten und sich unterhielten. Manchmal sprachen sie auch über mich. Aber keiner von ihnen sprach mal ein Wort der Anerkennung für meine Laufleistung. Immer und immer wieder wurde ich gebraucht. Ich hätte gern mal eine Woche frei gehabt, aber da der Schnee und auch die Kälte ausblieb, musste ich immer wieder herhalten.

Irgendwann wird dieser Aushilfswinter vorbei sein, aber wer weiß wann. Leider verstehe ich die menschliche Sprache nicht so gut, dafür kann ich gut Schuhsolianisch und natürlich auch Lederriemiastisch. Beide Sprachen beherrschen weder mein Besitzer noch seine Partnerin. Die Verständigung zwischen Schuh, Stiefel oder Sandale und den Menschen scheint sowieso nicht sehr leicht zu sein. Wenn ich nur daran denke, wie das war, als meine Freundin Lisa Damenturnschuh in die Waschmaschine sollte, wurde ihr schon vorher schwindlig. Sie hatte einmal, bei Freunden ihrer Besitzerin gesehen wie schnell sich die Trommel dreht. Da würde sie nie hineingehen, hatte sie für sich beschlossen. Jetzt aber schien es unvermeidbar zu sein. Sie versuchte noch sich mit ihren Schnürsenkeln am Schuhschrank festzuhalten, aber es gelang ihr nicht. Ihre Besitzerin war einfach zu stark. So purzelten sie durch die Trommel und irgendwann träumten sie sich auf den Pedalen eines Fahrrades. Da fühlten sich die Turnschuhe sehr wohl. Immer fester dachten sie an diesen schönen Traum und plötzlich war alles vorbei. Sie wurden wieder aus der Trommel geholt und plötzlich konnten sie wieder gucken. Das ging zuletzt nur noch schwer, denn der Schmutz hatte ihnen ordentlich zugesetzt. So hatte dieses merkwürdige Gerät auch etwas Gutes. Denn sehen zu können, ist für Lisa Damenturnschuh sehr wichtig. Nicht das während der Fahrt eine Fliege ins Auge gerät oder noch viel schlimmer, etwas auf dem Bordstein liegt und es möglich wäre, genau hineinzutreten. Irgendwie konnte ihre Besitzerin aber genau dies gut vermeiden.

Inzwischen war der Aushilfswinter auch vorbei. Es wurde warm, noch wärmer, ja es wurde heiß. In der ersten Zeit standen nun die Sandalen neben mir, den überlasteten Halbschuhen meines Besitzers. Immer öfter durfte ich zu Hause bleiben, dass tat wirklich mal gut. Jetzt bemerkten die Sandalen immer häufiger wie es ist, wenn man kaum mehr Freizeit hat. Schließlich läuft unser Besitzer nicht nur mal ums Haus. Nein er steigt Treppen hoch und runter, tritt auf Bordsteinkanten, läuft über Straßenbahnschienen und manchmal auch über Fliesen. Das aber nur sehr selten.

In letzter Zeit hatte ich im Schuhschrank neben den Stiefeln gestanden und konnte mir alles mal von meiner Lederseele reden. Selbst meine Sohle hatte viel zu erzählen, dass sie manchmal gar nicht mehr zu bremsen war.

Irgendwie wird es langweilig, wenn hier keiner mehr etwas sagt. Aber sicherlich gibt es irgendwann Regen und dann werde ich ganz schnell wieder herausgenommen und angezogen.

Wir hoffen, dass ihr das alles verstanden habt, denn die Übersetzung aus Schuhsolianisch und Lederriemiastisch übernahm, leider nur laienhaft, der Badelatschen der Partnerin meines Besitzers.

Die Bande

Wer kennt sie nicht oder hat noch nie von ihnen gehört? Ich glaube, dass es auf keinen zutrifft. Jeder ist doch zufrieden, wenn man „nur" von Banden hört. Einbrecherbande, Diebesbande, Räuberbande und mittlerweile auch Trickdiebe die bandenmäßig organisiert sind und so viele Menschen um ihr

Eigentum bringen. Ganz schlimm finde ich Banden die mit dem sogenannten Enkeltrick, vor allem Senior*innen um ihr Erspartes bringen. Meist haben diese Menschen ihr Leben lang hart dafür gearbeitet und manche Entbehrung auf sich genommen. All dies, damit es ihnen später mal, also heutzutage, nicht schlecht geht.

Ich habe in meiner Kindheit eine Bande gemocht und ich sehe sie mir auch heute noch sehr gern an. Im Fernsehen sind sie heute leider selten zu sehen, aber in der DDR waren sie ein echter Straßenfeger, wenn sie in den Kinos zu sehen waren. Die Rede ist hier von der Olsenbande. Egon Olsen, der Chef der dreiköpfigen Bande zu der auch Kjeld und Benny gehörten, kam zu Beginn eines jeden Films aus dem Gefängnis. Natürlich mit einem neuen Plan im Kopf. „Mächtig gewaltig, Egon" sagten dann beim ersten Bier zu Hause bei Benny die zwei zu ihm. Wer die Teile kennt, weiß dass auch dieses Mal der mächtig gewaltige Plan nicht funktioniert und Egon am Ende doch wieder eingesperrt wird.

Als ich noch in Berlin lebte ist mir die Bande nie begegnet. Das änderte sich auch zunächst hier nach meinem Umzug ins schöne Niedersachsen nicht. Meist begann ich morgens zu arbeiten und kam häufig erst spät am Abend zurück nach Hause. Immer müde, kaputt und geschafft von der Arbeit.

Als ich 2013 berentet wurde, was mir anfänglich gar nicht gefiel, da ich wieder gesund werden und arbeiten wollte, ist mir die Bande nicht wirklich aufgefallen. Ich war viel zu sehr damit beschäftigt, Widersprüche zu schreiben und als dann endlich der Termin beim MDK dran war, dachte ich es geschafft zu haben. Dies sollte sich schnell als Irrtum herausstellen. Die Ärztin, die mich begutachtet hatte, meinte nur, dass es zumindest die nächsten Jahre mit Arbeiten nichts wird. Sie erklärte mir auch warum und mir blieb nichts übrig, als es einzusehen.

Ein Jahr später lernte ich Manuela kennen. In meine Wohnung, in meinen Alltag ja in mein Leben zog nicht nur Manuela, sondern mit ihr auch die wirkliche, wahre Liebe ein. Ich lernte zu leben, zu lachen und zu lieben. Daran hat sich bis heute nichts geändert.

Die Bande näherte sich uns. Immer und immer wieder suchten sie sich in Sträuchern und Hecken zu verstecken. Oft schafften sie es auch. Wir standen immer mal wieder still hinter unseren Fenstern und dann, ja dann zeigten sich einige der Bande. Sie kommen, nicht wie Verbrecher in der Nacht, sondern über den ganzen Tag verteilt. Sie sitzen still auf den Zweigen, oder fliegen hin und her. Manchmal fällt etwas herunter und ein anderes Bandenmitglied freut sich darüber. Meist sind es die größeren die unten nur darauf warten, dass etwas herunterfällt. Alle Mitglieder der Bande zu zählen, ist uns bis heute nicht geglückt, aber wir sind glücklich, wenn wir sie an Meisenknödeln, Futterröhren, Vogelhäusern und Fettfutterbehältern sehen. Spatzen, Kohlmeisen, Blaumeisen, Haubenmeisen, Rotkehlchen, Grünlinge, Amseln und Ringeltauben. Wir müssen nur aufpassen, dass sie uns nicht sprichwörtlich die Haare vom Kopf fressen, aber das können wir schon verhindern. Es ist nur schön ihnen zu zusehen und das tun wir immer wieder gern. Seit 2014 ist die Bande größer geworden und wir freuen uns sehr darüber.

Bunt

Im Herbst beginnt für mich eine schöne Zeit. Es ist nicht mehr so heiß wie im Sommer und das Laub der Bäume trägt meine Lieblingsfarbe: bunt. Bunt ist neben grün meine Lieblingsfarbe und das hat auch eine kleine Geschichte.

Es gab mal eine Zeit, da bin ich sehr, sehr achtsam gelaufen. Zwar immer nur im Kreis aber sehr, sehr achtsam. Der Wind hat das gesehen und schickte mir ein grünes und ein buntes Blatt. Beide Blätter fielen auf ein Geflecht aus Maschendraht über mir. Aber es dauerte nicht lang, da hatte der Wind bemerkt, dass die Blätter nicht bis auf den Boden gefallen waren. So pustete er noch einmal sehr kräftig und schon hoben beide kurz ab, um gleich darauf durch den Maschendraht zu fallen. Da ich nicht stehenbleiben durfte, habe ich mich immer mit dem Blick zu den Blättern gewandt. Als sie am Boden angekommen waren tanzten die zwei. Das sah so schön aus, dass ich anfänglich schmunzeln musste. Leider konnte ich nicht lange bei den beiden Blättern bleiben.

Wenn ich heute die Blätter von den Bäumen fallen sehe, bleibe ich stehen. Ich schaue ihrem schönen Tanz zu und freue mich über die Farbenpracht, die Gott ihnen geschenkt hat. Manchmal denke ich an damals zurück und dann fange ich heute an zu lachen. Es ist schön, dass die Natur so viele Wunder für uns hat. So könnte diese Geschichte noch lange weiter gehen, aber mit dem nächsten Sturm sind alle Blätter weg und ich warte voller Vorfreude auf den nächsten Herbst.

Eine Alltagsbegegnung

Über eine grüne Wiese laufen und dabei die vielen Pflanzen betrachten. Die Rosen blühen in voller Pracht ich setze mich daneben, stelle meinen Rucksack ab und packe etwas zu trinken und zu essen aus. Da kommt eine Biene mit lautem Summen. Sie setzt sich zu mir auf die Rose und krabbelt hinein. Ich sehe ihr zu und bemerke, dass auch sie Hunger hat. Hunger nach Leben. Ich freue mich, dass es sie gibt, wo sie mir so viel von sich erzählt, ohne auch nur ein einziges Wort zu sprechen. Plötzlich flattert ein Schmetterling auf mich zu und setzt sich auf mein Bein. Er klappt die Flügel auf und stärkt sich mit Sonnenlicht. Auf einmal hebt er ab. Hin und her bewegt er sich. Seine Flügel sind nicht mehr zu bremsen, doch jetzt setzt er sich genau auf die Rose, in der eben noch die Biene war.

Er ruht sich aus - so wie ich.

Ob er auch so viel Gepäck, wie ich hatte, weiß ich nicht. Aber ich lasse einiges hier. Nun kann ich genießen, so leicht wie die Biene oder der Schmetterling fliegen, die mich noch ein Stück meines Weges begleiten.

Wir verabschieden uns, und sie fliegen zu der großen Blumenwiese dort vorn. Ich schaue beiden hinterher, bis ich sie nicht mehr sehen kann.

Wieder einmal habe ich bemerkt, wie wohltuend eine kleine Alltagsbegegnung sein kann. Gestärkt hat sie mich, und ich kann mich meinen nächsten Aufgaben widmen.

Fremdenfeindlich – Nein, Dennis doch nicht?!

Dennis aus Sachsen fliegt nach Namibia. Nein er macht dort keinen Urlaub, er ist einer von einem Team und bedingt durch seinen Job muss er dorthin. Dennis ist schon sehr aufgeregt, denn im fernen Afrika ist er zuvor noch nie gewesen. Nach seinen eigenen Aussagen ist er selbstverständlich nicht ausländerfeindlich, aber wirklich etwas zu tun haben, mit den dunkelhäutigen Menschen möchte er auch nicht. Er geht denen einfach aus dem Weg. Er würde sich niemals mit ihnen an einen Tisch oder im Kino auf den Nebenplatz setzen.

Sein Arbeitgeber hat von seiner Antipathie gegenüber Afrikanern keine Ahnung, aber selbst, wenn, hätte er dennoch mitgemusst. Schließlich ist Dennis noch jung und kann das afrikanische Klima viel besser vertragen als einer der älteren Kollegen. Es ist ein Team aus fünf Männern, die die etwa 15 stündige Reise von Frankfurt/M. über Johannesburg nach Windhoek antreten werden. Die Reisekosten von etwa 2.500 € pro Person, für den Hinflug hat der Chef bereits übernommen. Die Tickets sind bezahlt und in drei Monaten geht es los.

Die drei Monate sind schnell vergangen, für sein Gefühl: zu schnell. Die Impfungen und der ganze bürokratische „Kram" hat die Zeit sehr schnell vergehen lassen. Morgen früh um 8.17 Uhr startet die Maschine nach Johannesburg. Dort werden sie knappe dreißig Minuten Aufenthalt haben und dann geht es weiter nach Windhoek.

Als sie in Johannesburg angekommen sind, stellt Dennis zunächst mit Erstaunen fest, wie groß der Flughafen ist und er bemerkt, dass er hier den dunkelhäutigen Menschen nicht aus dem Weg gehen kann, denn hier sind sie überzählig. Er schaut in die Gesichter der fremdländischen Menschen. Dabei fällt ihm auf, dass die meisten fröhlich zu sein scheinen, denn er hat bisher kein einziges grimmiges Gesicht gesehen. Die Frauen tragen bunte Kleider, die seine

Blicke anziehen und die Männer Jeans und Shirt. Die Kinder sind fast genauso gekleidet, wie in Deutschland. Die Kleidung ist bunt, kurz und luftig.

Hier ist Dennis einer, der fremdländisch aussieht. Dennoch haben die Menschen hier auf dem Flughafen keinerlei Berührungsängste. Mit der Sprache ist es auch kein Problem, denn von seinem Team ist er derjenige, der am besten Englisch spricht und auch schreibt. So sind seine Kollegen einige Male auf seine Unterstützung angewiesen und er hilft gern, denn schließlich ist es zum einen sein Team und zum anderen ist er der neue und er glaubt, dass er sich hier beweisen muss. So vergeht die Zeit des Aufenthaltes hier in Johannesburg sehr schnell. Schon geht es zum Check-In und rein in den nächsten Flieger, der sie nach Windhoek bringen wird.

Wie das manchmal so ist, muss Dennis mal zur Toilette. Auf dem Weg dorthin bemerkt er, dass seine vier Kollegen und er die einzigen mit heller Hautfarbe sind. Einer seiner Kollegen sitzt neben einer Afrikanerin und beide plaudern mit „Händen und Füßen" miteinander. Sein Kollege versucht sofort ihn zu sich zu holen, aber das geht erst auf dem Rückweg.

Als er zurückkommt geht er zu seinem Kollegen und hilft beim Verständigen. Es stellt sich heraus, dass die Afrikanerin eine der Menschen ist, die die 5 Männer bei ihrer Arbeit begleiten werden. Letztlich sollen künftig nur Afrikanerinnen und Afrikaner dort arbeiten. Dennis fällt es immer leichter beim Übersetzen zu helfen, denn über kleine Schwierigkeiten lachen sie gemeinsam. Dass Lachen der Afrikanerin ist so herzlich und so echt, dass er auch laut mitlachen muss. So vergeht die Zeit recht schnell und schon kommt die Ansage vom Cockpit, dass sich alle anschnallen sollen. Dennis geht zu seinem Platz und schnallt sich auch an. Die Landung der großen Maschine ist auch hier sehr sanft. Die Besatzung versteht ihr Handwerk, dass ist ihm sehr angenehm aufgefallen.

Am Zielort angekommen, treffen sie sich mit den sieben Afrikanerinnen und den zwei Afrikanern. Jetzt sind sie in der Unterzahl. Eine der Frauen ist schon sehr dunkelhäutig, sodass die bunte Kleidung einen richtigen Kontrast bildet. Sie wird künftig hier die Leitung als Ingenieurin haben.

Gleich am ersten Abend beschließen alle gemeinsam etwas essen und etwas trinken zu gehen. Als sie im Lokal angekommen waren, bemerkt Dennis, dass es hier sehr freundlich und angenehm zugeht. Nach und nach verliert er seine Abneigung und als sich die künftige Chefin neben ihn setzt, bleibt er sitzen und beide vertiefen ihr begonnenes Gespräch. Die zwei werden künftig, also die kommenden sechs Monate sehr viel gemeinsam arbeiten und reden. Dennis sein Chef glaubt schon bald, dass es hier den wunderbaren Moment einer beginnenden Freundschaft gibt.

Richtig, als die sechs Monate vergangen sind, umarmen sich alle sehr herzlich. Als Dennis die Ingenieurin umarmt, lachen beide und es rollen Tränen. Tränen des Abschieds und Tränen die seine „Voreingenommenheit" endgültig wegspülen.

Unwetter, Urlaub und ...
(Gewidmet meinem Freund J. alias Torsten)

Ja das Wetter schlägt in diesem Sommer mal wieder seine Kapriolen. Mal zu kalt, mal viel zu heiß, mal sintflutartige Regenfälle und zwischendurch die allseits beliebten Blitze und der Freund eines jeden Gewitters: Der Donner.

Jeder und jede hat heute ein Smartphone mit ganz vielen Apps und wer richtig gut informiert sein will, der hat auch eine „Wetter-App".

Apropos Donner, im Volksmund spricht man ja auch vom Donnerwetter. Allerdings ist damit kein Unwetter gemeint, sondern eher ein mittelprächtiges Druckablassen.

Torsten hatte sich vor einiger Zeit mit einer sehr ernsthaften Erkrankung beschäftigen müssen. Er ist an Krebs erkrankt und das noch vor so einem Monat, in dem es immer mal wieder schlechtes Wetter gab. Genau, der November ist sowieso schon immer trist, grau und trostlos, genau wie seine Stimmung. Dabei ist er im besten Mannesalter, steht mit beiden Beinen im Leben, hat einen verantwortungsvollen Beruf als Direktor einer Bildungseinrichtung, ist Pastor und zu seinen Hobbys gehört das Schreiben. Über dieses Hobby haben wir uns kennengelernt.

Und genau in diesem Hobby ist er gerade jetzt gefragt. Eine Veranstaltung steht an, wie in jedem Jahr zuvor auch. Diese Veranstaltung findet einmal jährlich statt und die meisten seiner Mitschreiberinnen und Mitschreiber bereiten diesen Abend mit viel Mühe und Spaß vor. Alle freuen sich schon, doch in diesem Jahr wird es anders sein. Torsten wird nicht mit vorbereiten und auch nicht mit vortragen können. Die anderen Schreiberlinge sind betroffen, als Torsten von seiner Krankheit berichtet. Alle wünschen ihm viel Gesundheit und drücken ihm die Daumen, dass alles gut wird. Mit seinem heißen Draht nach oben zu seinem himmlischen Chef, viel Mut, Kraft, Zuversicht und die Liebe seiner Familie besiegt er diesen Krebs.

Ein gutes halbes Jahr später geht es ihm auch wieder richtig gut und die Urlaubssaison hat begonnen. Er arbeitet noch und er arbeitet viel, denn etwas nur so halb zu machen, ist nicht Torsten. Das könnte er nicht.

So sitzt er in seinem Büro, schaut aus dem Fenster und freut sich über die Sonnenstrahlen und die Wärme, die ihm die Sonne bringt. In Gedanken ist er schon ein wenig bei seiner Frau und bei den anderen

Schreiberlingen, die er heute wieder treffen wird. Er freut sich darauf, doch mit einem Mal klingelt sein Telefon und er wird aus seinen Gedanken gerissen. Ich erzähle, dass für heute Abend ein schweres Unwetter in seiner Heimatstadt angesagt ist. Ruhig und besonnen, wie Torsten nun einmal ist, hört er mir zu und beschließt gemeinsam mit mir die Schreiberlingsrunde für heute Abend abzusagen. Es fällt ihm schwer, aber zur Sicherheit aller scheint beiden dies das einzig Richtige zu sein.

Etwas traurig schreibt er nicht das, was er gern geschrieben hätte, sondern er schreibt eine Mail an alle und formuliert darin seine Absage und die Gründe, die ihn dazu bewegt haben.

Einen Monat später, schreibt er, dass er es geschafft hat, eine Woche zu finden, in der er mit seiner geliebten Frau ein paar schöne, gemeinsame Tage Urlaub verbringen kann. Er entschuldigt sich, dass er so auch bei diesem Treffen der Schreibenden nicht mit dabei sein kann. Aus seinen Worten kann jeder lesen, dass es ihm schwerfällt, diese erneute Absage zu Papier zu bringen. Aber in der Hoffnung, dass jede und jeder für ihn Verständnis aufbringen möge, schreibt er auch, dass er sich sehr auf das nächste Treffen freut.

Das Thema für die Veranstaltung in diesem Jahr steht schon fest und so können sich die anderen Schreibenden mit ihren Texten befassen. Um diesen der Gruppe vorzustellen, braucht Torsten nicht zwingend dabei sein.

Liane trifft in ihrer Mail eine sehr harte Aussage. Ich bin fassungslos und denke mir, dass ich einen Text schreiben werde, den ich zum nächsten Termin mitbringe. Als Manuela etwas später die Mail von Liane liest, ist sie so betroffen, dass sie sich sogleich an den Computer setzt und eine Antwortmail an alle schreibt.

Manuela und ich sind so entsetzt über Lianes Worte, dass sie glauben, Liane hätte von Mitgefühl und Empathie noch nie etwas gehört.

Natürlich hat Torsten auch ein Smartphone mit Kalenderfunktion. Diese Geräte sind echt praktisch. Wer mag, kann damit auch telefonieren. Aber was nutzt die beste Kalenderfunktion, wenn Torsten und seine Frau so viele Termine haben, dass sie schauen müssen, welche sich verschieben lassen, um wenigstens eine gemeinsame Woche Urlaub zu genießen. Denn wenn Torsten arbeitet, hat er nicht um 16.15 Uhr Feierabend, kann nicht alles fallen lassen und nach Hause fahren. Seine Arbeitswoche geht von Montag bis Freitag.

So hat Torsten schon bemerkt, dass an einem dieser Abende sich alle Schreiberlinge treffen. Dieser eine Abend ist der einzige nicht verschiebbare Abend, welcher der Urlaubsplanung entgegensteht.

Darf Torsten nicht darauf vertrauen, dass die anderen Schreiberlinge seinem Wunsch nach

Erholung verstehen? Darf Torsten nicht, bei der vielen Arbeit auch mal ein paar schöne Tage mit seiner Frau verbringen? Darf sich Torstens Frau nicht auf ein paar Tage in schöner, trauter Zweisamkeit freuen, gerade weil Torsten den Krebs auch mit ihrer Hilfe besiegt hat?

Manuela und ich meinen: Ja, die zwei sollten schöne Tage zusammen verbringen, denn wir alle wissen nicht wie hold uns das Wetter sein wird und wann wir für immer gehen müssen.

Danke

„Es macht uns keine Arbeit und es kostet uns kein Geld. Ein Lächeln und ein kleines Wort verändern diese Welt."

Genau mit diesen Worten beginnt ein Lied, das mir sehr gut gefällt. Wie viele Dinge nehmen wir einfach so hin. Es ist selbstverständlich, dass die Partnerin oder der Partner dieses oder jenes tut. Nein, ist es eben nicht. Ein kleines Dankeschön erfreut nicht nur das Herz, sondern auch die Seele meines Gegenübers.

Danke, dass ich heute Abend hier sein und meinen kleinen Text vortragen darf. Danke an die fleißigen Helfer hier im Atelier 11, dass wir heute Abend hier sein und einen schönen Abend verbringen dürfen. Danke, lieber Jürgen, dass du immer wieder deine Zeit zur Verfügung stellst. Wenn wir dich nicht hätten, wer weiß, ob es den Autorenkreis noch gäbe. Danke an euch alle hier, dafür, dass ihr da seid, dass ihr mir zuhört. Danke für eure immer neuen Ideen, welche ihr zu Papier bringt und sie vortragt. Danke für eure Feedbacks zu den Texten, die ich hier in unserer Runde schon lesen durfte.

Danke, all jenen die hier im Autorenkreis nicht mehr dabei sind. Ihr wart uns immer eine Bereicherung. Danke an euch, die ihr viel zu früh für immer von uns gegangen seid. Danke, dass ihr jetzt, dort wo ihr seid, uns auch nicht vergessen habt. Danke an den alten Herrn, der euch bei sich aufgenommen hat, der euch von Kummer, Leid und Schmerz erlöst hat.

Danke an meine Kinderfreundin und spätere Jugendliebe Heike, dafür dass du immer auf mich achtest, dass ich noch heute die vielen Herzen auf dem Spiegel sehen kann.

Danke an meine liebe Oma und meinen lieben Opi. Danke, weil ich ohne euch beide niemals der geworden wäre, der ich heute bin und sein darf.

Danke, lieber Gott, dass du Manuela und mich zusammengeführt hast. Danke, denn durch Manuela habe ich erfahren dürfen, was wirkliche, tiefe und wahre Liebe ist. Danke, dass du unseren Schutzengeln immer genug Zeit und Kraft gibst, damit sie über uns wachen können, gerade wenn es mal schwierig ist. Danke für die Liebe zwischen ihr und mir. Eine Liebe, die es zu Ostzeiten nie gegeben hätte.

Danke, dass ich nach 22 Stunden im Kreißsaal erleben durfte, was es für ein zauberschönes Wunder ist, Papa werden zu dürfen. Danke, dass ich zwei Jahre später nochmal Papa werden durfte, wenn ich auch nicht direkt dabei sein konnte.

Danke meine lieben Freundinnen und Freunde, dass es euch für mich gibt. Danke, dass ihr mit mir gemeinsam einen Weg geht, der für euch sicher nicht immer leicht war. Danke dafür, dass ihr mir zuhört und mich versteht. Auch wenn das manchmal nicht gerade einfach ist.

Danke, dass ich heute mein Leben so leben darf.

Danke an euch alle, die ich hier vielleicht vergessen habe. Es war keine Absicht von mir und es ist für euch mit einem genauso herzlichen Danke wie für alle anderen verbunden.

Danke, dass Sie liebe Leser*innen dieses Buch gekauft und gelesen haben.

Danke. Danke. Danke.

Buchempfehlungen

    Gerd Keil wurde im Jahr 1963 geboren und schloss die polytechnische Oberschule in der DDR mit der 10. Klasse ab. Anschließend erlernte er den Beruf eines Elektromonteurs bei der Berliner S-Bahn. Sein Engagement für Lehrlinge und die Fluchthilfe brachten ihn in das Fadenkreuz der Stasi. Er wurde verraten und nach mehreren Jahren politischer Haft freigekauft. Er beginnt ein neues Leben in Hamburg. Drei Jahre später lernte er seine künftige Ehefrau kennen. Die Ehe wird 1994 geschlossen. Die Geburt der beiden Kinder Vivien und Sebastian folgt, doch die Ehe beginnt zu kriseln. Nach dem Scheitern möchte er eigentlich nie wieder eine Beziehung eingehen. Dann lernt er Karin und durch sie auch ein Gefühl von Glück und Geborgenheit kennen. Aber auch diese Beziehung scheitert. Als er keine

Beziehung mehr möchte, findet die Liebe ihn. Mit Manuela lernt er die Frau kennen, die ihm zeigt, was Wirkliche, wahre, echte Liebe ist. Das Glück und die Fügung Gottes hat ihm, mit seiner Manuela, die Frau gegeben, mit der er glücklich werden wird. Die Biografie eines schicksalhaften Lebens.

Verlag: BoD – Books on Demand, Norderstedt

Ein Kinderbuch zum Vor- und Selbstlesen. Im Buch finden Sie viele Geschichten vom Geburtstag über die Feiertage bis zum zerbrochenen Mond oder dem Waldhotel, in der es um eine Igelfamilie geht.

Alle Geschichten sind mit handgefertigten Aquarellen einer professionellen Malerin illustriert.

Verlag: BoD – Books on Demand, Norderstedt

Demnächst erscheint mein Buch: „Himmel hinter Gittern – Meine Stasihaft in der DDR". Für Sie hier schon einmal mein Vorwort: Der Anfang vom Ende ist etwas, dass wir alle, und ich denke auch Sie, liebe Leser*innen, irgendwann in Ihrem Leben schon einmal gehört, gedacht oder womöglich sogar gefühlt haben. Wenn sich das wie der Anfang vom Ende anfühlt, ist es schon ziemlich schwer zu ertragen. Meine Zeit der Stasihaft von fast drei Jahren, Sommer 1986 bis Frühjahr 1989, war für mich sehr schwer zu ertragen.

Dennoch habe ich immer an den Satz meiner lieben Oma gedacht, die mal, als ich etwa vier Jahre alt war, zu mir gesagt hat: „Am Ende wird alles gut, und so lange es nicht gut ist, ist es auch nicht das Ende".

Der Satz hat mich durch mein ganzes Leben begleitet und auch ihr christlicher Glaube, fand in mir seine Fortsetzung. Wenn ich also jetzt vom Anfang vom Ende schreibe, dann ist hier in diesem Buch wirklich nur der Anfang vom Ende gemeint. Das Ende, als alles gut wurde, steht hier zwar auch drin, aber nur ganz kurz.

Wenn Sie wissen möchten, was vor und nach diesem Anfang war, empfehle ich Ihnen mein autobiografisches Buch: „Wertvolle Freiheit".

Dieser Anfang vom Ende beinhaltet schwere Zeiten, traumatisierende Erlebnisse, sexuellen Missbrauch durch andere Mithäftlinge, das Wegschauen von Volkspolizisten – wie diese offiziell genannt wurden – meinen vollständigen Zusammenbruch und das ganz langsame Zusammensammeln meiner Knochen, meiner Seele und das Ende an dem alles gut war.

Wenn Sie möchten, lade ich Sie ein mit mir durch drei Jahre Stasihaft zu gehen, umzufallen, zu kriechen, liegen zu bleiben aber auch wieder aufzustehen und aufrecht in einen Bus einzusteigen, den ich bis heute nicht vergessen habe und ganz sicher nie vergessen werde.

Herzlich Willkommen zu einer „Achterbahnfahrt" der Gefühle. Ich möchte, bevor ich anfange noch die Gelegenheit nutzen Sie, liebe Leser*innen, darauf aufmerksam zu machen, dass dieses Buch eher keine Nachttischlektüre ist. Bitte denken Sie an sich und überfordern Sie sich nicht. Und denken Sie daran, dass auch in diesem Buch am Ende alles gut wird.

Mehr über mich erfahren Sie, liebe Leser*innen auf meiner Homepage: www.gerdkeil.de

Wenn Sie möchten, würde ich mich über ein Feedback zu diesem oder meinen anderen Büchern freuen. Dazu können Sie gern einen Eintrag in meinem Gästebuch vornehmen.

Herzen die Gesichter tragen,
stellen keine dummen Fragen,
sie sind einfach da im Leben,
helfen Lasten wegzuheben.